遠藤 直哉

法動態学講座 1
新しい法科大学院改革案
AIに勝つ法曹の技能

――基礎法学と実定法学の連携――

信山社

はしがき

■法科大学院の設立

　筆者は，弁護士会が法科大学院設立に向けて運動を起こしたときの「法科大学院の生みの親」の１人です。しかしながら，法科大学院の卒業生は，ほとんど弁護士会の活動による成果であったことを知りません。私はそのことについて，つまり弁護士会の役割を理解されていないことを残念に思います。しかし，法科大学院の卒業生や司法試験合格者が，司法改革審議会の意見書をほとんど読んでおらず，法科大学院成立の理由も理解していないことには驚愕でしかありませんでした。従前から大変尊敬して，学ばさせて頂いてきた教授の先生方にも，なぜ法科大学院入学者に十分な説明をしないのか，大きな疑問があり，本書刊行をするに至りました。そもそも法科大学院設立の理由は，司法改革の多くの難しい課題をすぐには解決できないので，ほとんどを法科大学院での進歩的研究や教育にゆだね，教育を受けた多くの法曹による将来の改革に期待したのです。

■AIに勝つ法動態学

　法科大学院では，新しい法学教育を予定されました。それは，米国のロースクールで発展してきた法社会学的アプローチをとり入れた解釈論や政策論（立法論）です。基礎法学と実定法学の連携教育です。社会変動に合わせて，漸進的に動態的に法形成を促すという法思想（法動態学）による教育です。そして，その実践

はしがき

的教育です。今から早速とりかかりましょう。本書をお読みいただければ，学生と教師の方々はもちろん，若き法曹の皆様も飛躍的に成長されることはまちがいありません。

　従来の法学教育では，存在する法令や判例を固定的にとらえて学ぶことを主としています。つまり，法令の通説的解釈や判例の趣旨を学ぶもので，これを法静態学と呼びます。AI が代替していきます。これに対して，本書では，法は変化しているもの，いわば生きているものと捉えて，法をどのように扱うべきかを研究し，教育することを法動態学と呼びます。法動態や動態的法形成という言葉は，一般用語です。但し，先行研究として，法動態学叢書全4巻（樫村志郎編・法律文化社）があります。これは，法動態学への一つの導入方法として，「水平的秩序」という概念を最も重要な研究対象と位置づけ，市場という経済学的な意味を持つ空間における法の動態を明らかにしようとしています。従来の権力や強制またはルールや行為を基準にしないで，自律的な法の動態を明らかにしようと分析されています。これに対して本書では，第1章及び第4章で明らかにしているように，社会変動に合わせて，人々の生活に必要な法の変動を促進させる方法を研究し教育することを法動態学と位置づけています。ハードローとソフトローの構造（強制と合意）の縦軸は，技術進歩と人々の意識変化という時間と共に漸進していく横軸により，地殻変動を起こしていく。法曹は直ちに法をもって対応しないときには，社会は秩序なく混乱に陥ります。つまり，社会変動に合わせた法の変動を対象とする研究と教育を法動態学と称しています。20世紀以降，社会変動のスピードは加速しています。明治以来の日本の法静態

学教育は，社会の進歩にブレーキをかけ続けてきました。欧米では法動態学が発展し，中国ですら，日本のような後ろ向きの規制ではなく，前向きな発想を育てています。日本の司法試験や司法修習の2回試験は，法動態学の導入の壁となっています。直ちに廃止または縮小し，法科大学院における法動態学の教育に向かわなくては，法曹養成の混乱はやむことがありません。法曹への信頼は地に堕ちたと言っても過言ではないでしょう。そして，何よりも暗記中心の社会に遅れたAIでもできる法静態学より，社会実態と歩む創造的な法動態学の方が，AIではできないことであり，法曹に興味をもたらして，技能を高め，人々に貢献できることは明白です。

■法動態学による法曹養成改革

それゆえ，新しい法学教育は，必然的に法動態学による法改革へとつながります。このような考え方によれば，法科大学院を発展させるために，弁護士会においても，さらなる改革を進めるべきでした。そこで，二弁意見書（遠藤 2000）が司法改革審議会をリードした実績があったので，日弁連を中心に，二弁親書に従い，さらに司法修習の縮小，司法試験の簡素化に取り組むべきでした。しかし全くと言ってよいほど検討されませんでした。その結果，現在法曹を志す学生等は，資格取得までの時間，コスト，労力の大きさに不安をもち，その目標やビジョンすら持てない状況です。また教員，法曹，スタッフの方々は，法学部，法科大学院，司法試験，予備試験，司法修習を運営したり，多くの議会に参加し，どれ程の時間，コスト，労力を使っているか，想像するだけで呆

はしがき

れ果てざるをえません。税金の無駄遣いとの批判にも耐えられません。制度をより効率化し，本来の研究，教育の発展，裁判の信頼向上，冤罪防止などに力を尽くしてもらいたい。弁護士層は，法曹人口についての対立をやめ，官僚法曹を説得し，裁判の適正化に努力し，さらに悪徳弁護士（ブラック弁護士）の退治，国民に奉仕するホワイト弁護士の養成に尽力すべきです。法動態学によれば，常に前に進むべきであり，停滞したり，後退してはならないということです。

■基礎法学の成果

　本書の刊行により，筆者の構想を提言できたことについて，宮澤節生教授と太田勝造教授を始めとする，日本法社会学会の先生方に深く感謝申し上げます。特に，本書の骨格を作り出した第4章は，日本法社会学会の機関誌に掲載するについて厳格な査読を経て，貴重なご意見をいただき，大幅な修正も加え完成したもので，2名の査読委員の先生に，御礼申し上げます。従前の法曹養成論と弁護士論では，基礎法学や経済学の成果を十分に取り込んでこなかったため，実務家の経験に基づく意識の反映が強く，全体を統合する理念の提示までに至りませんでした。本書では，まさに実務と学理を統合し，分かりやすく弁護士の役割を解説しました。さらに詳しく勉強される方は第4章の参考文献をお読みください。特に，動態的法形成，及び法の2面性については青井秀夫教授，及びタマナハ教授の文献，漸進的な法の支配（法を徐々に進めること）については松尾弘教授，司法改革から法の改革についてはケイガン教授の文献から大いに吸収させていただきました。今後

はしがき

の若き法曹の活躍への期待を込めて，法の支配の拡充，法曹の発展と統合を祈念してやみません。

■米倉明先生（東京大学名誉教授）との共闘

　米倉先生は，民法学の泰斗として法科大学院でも教育をされました。戸籍時報に13年間にわたり毎月途切れることなく，「法科大学院雑記帳」を執筆され，改革を訴えてこられました。その粘り強さは，まさに見習うべき驚異的偉業と言えます。本書と法科大学院雑記帳をお読みいただければ，先生は実定法学と教壇から，私は基礎法学と実務から進み，そして，出会って結婚したような提言となっていることがご理解いただけます。

　米倉先生からは私のNBL論文（本年7月，本書第1章）を極めて高く評価いただきました。身に余る大変光栄なことで，謝意を込めて次頁にご紹介いたします。また，米倉先生の最近の論稿については，「あとがきにかえて──米倉明先生の法科大学院雑記帳との対話」として追加しましたので併せご覧ください。

　2018年10月

　　　　　　　　　　　　　　　　　　　　　　　　遠藤直哉

はしがき

◀ 法科大学院制度改革をめぐる若干の論点について ▶
——遠藤改革案を契機として——

米倉　明

●私はかねてより，わが国のロースクール制度は今や大改革を実施されるべき段階にあるけれども，とりわけ研究者教員による具体的提案が皆無に近く，せいぜい外国の，主としてアメリカのロースクール制度の紹介が散見されるだけで，果たしてこうした状況のままでよいのだろうか。これは一種の危機的状況ではないか，といささか不安になってきていた。私の願いが天に届いたのか，本稿執筆直前に遠藤案に接することができた。本稿は同案に対する私の所感というべきものである。

●私は同案により啓発されるところが実に多くあり，この場を借りて厚く謝意を表したい。私は特に同案の「改革の根本的方向づけ」に双手を挙げて賛同する。そして，同案が弁護士に重点を置いた教育，同じく修習体制，ひいてはこうしたことの結果として，「日本型法曹一元」の実現に期待しておられることにも，ほとんど賛成する。

●本稿をしめくくっておく。まず，遠藤案に対する謝辞を述べたい。ロースクール制度の大きな改革の時期が遠くないという予感がするこの段階で出現した同案は，タイミングとして絶好，その具体性に富む論述により，教えられるところ，示唆を受けるところは甚だ多く，私は改めて謝意を表したい。以上要するに，遠藤氏の功績は「検討材料」というに価する優れたボールをグラウンド中央に置いたことにあるのである。

【法科大学院雑記帳・その157（戸籍時報№772 平成30年9月）より抜粋】

目　次

はしがき (iii)

序論　新改革案の現代的意義 ………………………… 3
1　新改革案の要旨 …………………………………… 3
2　新しい法曹論 ……………………………………… 6

第1章　グローバルな社会変動に向けた法曹養成論
　　　──基礎法学と実定法学の連携教育── ……… 17
1　法曹養成制度改革案 ……………………………… 18
2　法動態学による教育 ……………………………… 22
3　欧州の法学教育と研修弁護士制度 ……………… 26
4　米国ロースクールの融合教育と法政策教育 …… 30
5　欧米の制度の統合 ………………………………… 33

第2章　法科大学院・法曹人口・司法試験・司法修習を
　　　　めぐる対立 ……………………………………… 35
1　法曹人口論の対立 ………………………………… 36
2　法科大学院中心主義及び司法試験の簡素化・短期化 … 38
3　新法曹一元主義（新法曹による国権の形成）…… 38
4　法曹の質の向上 …………………………………… 42
5　公共財（定員制の理論的根拠）………………… 43
6　見学的司法修習の終焉 …………………………… 44
7　実務教育の根本的な発想の転換 ………………… 45
8　「法科大学院　理論・実務連携を」

目　次

　　　　　（読売新聞：論点 2018 年 6 月）……………………… 47
　　　9　谷間世代（貸与制世代）の解決案 ………………… 49
　　　10　弁護士自治の一環としての法曹養成 ……………… 51

第3章　アジアの法の支配の拡充のための日本の
　　　　法科大学院制度の再構築
　　　　　――法曹分野の拡大化と法曹人口の適正化―― ……… 61
　　　1　質の高い多くの法曹の養成のため法科大学院制度 … 63
　　　2　広義の法曹の養成 …………………………………… 67
　　　3　新しい法曹の理念 …………………………………… 69
　　　4　個別解決機能と政策形成機能 ……………………… 71
　　　5　法曹の公益性（弁護士法 72 条）…………………… 74
　　　6　基礎法学と実定法学を架橋する教育 ……………… 78
　　　7　結論（アジアモデル）……………………………… 82

第4章　法動態学による教育と改革
　　　　　――法の支配と法曹の役割―― …………………………… 83
　　Ⅰ　司法制度改革審議会意見書から残された課題 …… 84
　　　1　形式的法治主義を担う隣接士業 …………………… 85
　　　2　法曹の質の転換論の欠如 …………………………… 86
　　　3　法曹人口論の第三の道 ……………………………… 88
　　　4　行政における新しい法律家の役割 ………………… 90
　　Ⅱ　隣接士業の長期的縮小論 …………………………… 91
　　　1　UPL 規制を無視した法曹の国際比較 ……………… 91
　　　2　掘り下げられなかったテーマ ……………………… 93

	3	改革の理由 … 96
Ⅲ		**法動態学**（形式的合法性と実質的合法性の統合）…… 99
	1	法の支配の二面性（自然法論と法実証主義の統合）…… 99
	2	形式的合法性と実質的合法性の連続性 …100
	3	法 の 変 動 …104
Ⅳ		**動態的法形成**（ハードローとソフトロー）…106
	1	コモンロー変動モデルと制定法変動モデル …106
	2	「法の機能」のピラミッドモデル …108
	3	法科大学院教育の漸進 …112
Ⅴ		**法曹養成制度改革** …114
	1	法学部改革 …114
	2	法科大学院改革 …114
	3	司法試験改革 …116
	4	司法修習制度廃止（研修弁護士制度）…117
Ⅵ		**法曹と隣接士業との統合案** …121
	1	新しい隣接士業 …121
	2	広義の法曹 …122
Ⅶ		**弁護士一元化への世界的傾向** …125
	1	米国のUPL規制 …125
	2	訴訟活動と訴訟外活動の連続性 …127
	3	ヨーロッパにおける弁護士増員と一元化 …128
	4	UPL規制を支える法曹養成 …129
Ⅷ		**おわりに** …130

目 次

あとがきにかえて （133）
参考文献 （143）

―――――――◆ 初 出 一 覧 ◆―――――――

（第 1 章）「グローバルな社会変動に向けた法曹養成論──基礎法学と実定法学の連携教育──」NBL　No.1126（2018 年 7 月）

（第 2 章）「法曹増員か法曹減員か，その対立の止場に向けて」法律新聞（2018 年 9 月 14 日版），「Law 支援の会のお願い──谷間世代についての要請文──」法律新聞（2018 年 9 月 21 日版）

（第 3 章）「アジアの法の支配の拡充のための日本の法科大学院制度の再構築──法曹分野の拡大化と法曹人口の適正化」週刊法律新聞（2018 年 3 月 9 日版及び 3 月 15 日版），アジア法社会学会台湾大会報告（2017 年 12 月）

（第 4 章）「法科大学院制度の漸進的改革──形式的合法性と実質的合法性の統合」法社会学 82 号（2016 年）

法動態学講座 1
新しい法科大学院改革案

AIに勝つ法曹の技能

―― 基礎法学と実定法学の連携 ――

序論

新改革案の現代的意義

1 新改革案の要旨

　筆者は，2018年5月に，弁護士会の分裂と混乱を止揚するために「Law支援の会」を立ち上げた。以下は，「Law支援の会」が本年10月に，政府，政党などに法曹養成制度の改革案を提言したものだが，本書の要旨と同じといえるので掲載する。

■改革の理念と目標

　費用を安くする，教育期間を短くする，学生のリスクを減少させる，効率化し，教育資源（税金）の無駄を省くものとします。グローバルな法の変動をリードします（法動態学による教育）。

　法曹人口を適正化すべきです。司法試験合格者が　法曹三者だけではなく，行政・企業・隣接分野に拡大するのに合わせて，漸進的に増員させます。

■学部から法科大学院へ

　2年修了・3年修了・4年修了の各3割（社会人入学1割）の入学者とし，短縮化と多様化をします。飛び級・早期卒業，特例法などで対処すべきです。

序論　新改革案の現代的意義

■法科大学院入学試験

入学者総定員 2,000 人（韓国と同じ），1 校約 160 人×約 13 校に限定すべきです。

入学試験は，厳格なものとし，人文社会学・政治経済学・法の歴史・統計学・基礎科学の課目（上記科目の英語を含む）とします。

■法科大学院コース 1 本化（2 年 9 ヶ月，12 月末まで）

未修コースと既修コースを統一すべきです。入学試験に実定法科目を入れないことにより統一できます。法曹コース 3 年＋2 年案は，統一化に逆行するもので，かつ現在の司法試験を簡素化すれば不要です。

■プロセス教育

法の動態的形成に貢献できるように，討論（ソクラテスメソッド）を伴うプロセス教育によります。そのためには，実定法，基礎法学（法理学，法社会学，法と経済学，比較法など），政策法学の連携・融合を必要とします。米国のロースクールでは，基礎法学と実定法学（実務）の融合教育がされ，さらに政策法学が教育されてきました。

■実務教育

法科大学院授業で，起案中心の司法修習より実践的で課題認識型の臨床法学を導入します。

■卒業試験（12 月実施発表）

基礎法学（政策法学を含む）と実定法学（英語を含む）の連携の試験（討論含む）とし，約 9 割合格とします。卒業までプロセス教育に徹するべきで，卒業を条件に司法試験受験を認める

べきです。

■**予備試験廃止**

　無資力の証明を条件とする制度に違反する運用をしているので，廃止すべきです。法科大学院のプロセス教育に矛盾し，制度趣旨に反します。

■**簡素化された司法試験**（1月実施・3月発表）

　基礎法学（政策法学を含む）と実定法学（英語を含む）の連携の試験とします。

　合格者定員約1,500人（約8割合格）（韓国と同じ）に当面は限定すべきです。

　カナダや韓国を参考に，ロースクールを3年弱とし，司法試験を直ちに実施し，ギャップタームを防ぎます。

■**入学定員制と合格者定員制**

　今後法的需要や法律扶助などの動向，弁護士の行政，企業，隣接分野への進出に合わせ調整します。頼りがいのある司法の実現，行政手続の適正化や簡素化，刑事事件の冤罪予防など，国民の利益となる改革が必要とされています。このような公益的改革を実行する法曹自体の地位は安定しなければならず，医師と同じような公益目的の資格制度として保護される必要があります。つまり，法曹の地位は公益目的の実現のための公共財であり，公務員と同様の地位と適正人数が維持されなければなりません。

■**司法修習廃止**（縮小）・**二回試験廃止**

　第二東京弁護士会意見書は改革審に司法修習廃止と研修弁護士を提言しました。韓国では，これを承継し，法科大学院成立

後，司法修習を廃止しました。
■**司法以外への就職**（4月）

研究職・教職・行政職・立法職・企業・隣接士業へ就職し，3年実務経験後，認定弁護士制度と研修弁護士2年で弁護士登録できることとします。

■**研修弁護士**（開業要件・任官要件）（4月）

司法修習を廃止し，各弁護士事務所での有給の研修弁護士2年勤務を弁護士の開業要件とし，かつ裁判官検察官の任官要件とします。

■**弁護士会研修**（研修弁護士）

研修弁護士には弁護士会は法科大学院と連携して臨床法学の研修を実施します。実定法・基礎法学・政策法学をリンクさせます。

2 新しい法曹論

法曹養成問題とは，法曹の役割と特権を論ずることなしに検討できない。裁判官と検察官は，法を権力として運用している。弁護士は，弁護士法72条により法律業務を独占している。法曹三者は，特権を与えられているが，その理由は何か。弁護士には弁護士自治が保障され，弁護士会が懲戒権を有するが，その理由は何か。司法改革研究会及び弁護士自治研究会は，これらの課題に取り組み，以下の各研究書を発刊し，歴史から現代まで，外国の状況まで報告された。

① 司法改革研究会編著（日弁連法務研究財団JLF叢書Vol.23）

『社会の中の新たな弁護士・弁護士会の在り方』（商事法務，2018年1月）
② 弁護士自治研究会編著（日弁連法務研究財団 JLF 叢書 Vol.24）『新たな弁護士自治の研究・歴史と外国との比較を踏まえて』（商事法務，2018年5月）

　弁護士の増員により，業務の多様化，意識や考え方の分裂が生じている中で，再度，弁護士全体をリードできる理論や理念は何かを求めた大変な労作といえる。その熱意と貢献には敬意を表する（以下，この研究報告を「上記研究書」という）。特に，本林徹弁護士の上記研究書①巻頭論文は，現代の弁護士の理念を求める必読の書といえる。時同じくして，本書（及び続巻）は，上記問題意識を全く同じに共有して，約15年にわたり研究を進めてきた成果として提言する。但し，法科大学院教育を核とする以上，弁護士だけではなく，裁判官，検察官，行政，立法，企業，隣接分野までの法曹に求められる役割と理念を明らかにする。従前の弁護士論は新法曹論として提示されなければならない。以下では，上記研究書を補充する趣旨を含めて，本書が法曹全体を貫く統一的理念を提言するので，併せてお読み頂ければ現在の新法曹論の全貌が浮かび上がるといえる。

(1) 法科大学院教育の目的と役割 ――――― 法哲学の視点

　新しい法曹論は法科大学院の設立趣旨を受けて大きく進化した。法科大学院による法曹人口の増加の理由は何か，法曹の拡大分野はどこまでか，新しい教育の目的と内容は何か，法科大学院卒業

の新法曹は隣接分野に進出すべきか，その理由は何か，新しい法曹三者ばかりか，行政，立法，企業に進む者の統一する理念は何か，が課題であった。法哲学の成果を取り込んだところ，新しい法曹は「法の変動」または「動態的法形成」を担う者，「形式的合法性から実質的合法性への漸進的な法の運用や立法を担う者」として位置づけられた。そして「法動態学による新しい法学教育」の誕生である。本書第1章及び第4章に詳述した。

(2) 民衆側と企業側を統合する理念――――法理学の視点

弁護士の理念として語られてきた在野精神論，プロフェッション論，消費者主権論，法サービスモデルなどは，弁護士層が対立する市民側と企業側に分けられる構造を統合するものになり得なかった。しかし，社会の変動や進歩に併せて法を漸進的に柔軟に変えていくことは，双方の立場をとっても同意できることである。例としては，上記研究書①352頁の後藤康淑弁護士の報告は，まさにグローバルな法の変動に貢献している理念を映し出している。

(3) プロフェッション論から公共財としての弁護士へ
――――公共経済学の視点

従前，弁護士の公益性や公共性を軸とする理念は，プロフェッション論として説明され，最も通説的解説といえた。上記研究書①209頁吉川清一は，国際的視点から弁護士の二極化を論ずるも，日本の弁護士のプロフェッション精神に期待する。筆者は，プロフェッション論を主張された「講座・現代の弁護士」の大野正男，西田公一，原後山治，石井成一等の弁護士と活動を共にした。そ

してこれに対して，約20年前に法曹増員が主張され出し，市場経済における商品販売の競争原理と同じ論理が謳われた。法曹界からのプロフェッション論では，十分対抗できなかった。筆者は「変革の中の弁護士」グループに参加した。まさに変革期の状況を映し出したものとなった。

　これを受けて筆者らは，法科大学院と研修弁護士制の二弁提言書を司法改革審議会に提出するに至る。そして，その後の増員と減員の対立が激化するものの，双方には決定的な理由に欠けていた。現在では，法科大学院についてあたかも不要な商品が売れ残り，大量に廃棄しているのと同じ印象を持たれ，合格者の定員限定を否定されないようになった。しかし，この見方も一面的にすぎる。そもそもプロフェッション論は，古くからの歴史社会学的考察によるものである。市場原理を持ち出されたときには，公共経済学のマクロ経済の分析の「市場の失敗における公共財」をもって対峙すれば，公共性をもつ特別の存在，法律業務の独占的特権を説明できるのである。市場の失敗と政府の失敗の後処理を市場原理でできるわけがないのである。法曹の公共的後始末しかないのである。すなわち，入学者や合格者の定員制についても，全て市場には任せられないとの理由で肯定されるのであり，公共財の特質によるのである。本書第2章5項，第3章4項に詳述する。

(4) 中間団体モデル ———————— ソフトローの視点

　上記研究書①146頁では，池永知樹弁護士が中間団体としての弁護士の役割を歴史から現在の課題まで包括的に論じる傑作といえる。ジョン・O・ヘイリー教授（1991）や井上達夫教授（2001）

は中間団体の役割を重視してきた。筆者はこれをソフトローを運用する主体として重視し研究を続けてきた（遠藤 2012 abc.）。動態的法形成に向けてソフトローを運用する多くの中間団体が存在するなかで、弁護士会では会員があらゆるソフトローを解釈し運用し、また会としても声明や運動をもって、社会をリードしてきた。動態的法形成を直接に担う重要な役割を果たしてきた。日弁連のセミナーや行動において、既に漸進的改革を打ち出しているのも、法律専門家集団だからである。

しかし、現在の法曹人口と、法曹養成をめぐる対立、このような分裂は未だなかったことであり、これを放置できない。国家形成の要の1つとなっている中間団体こそは、分裂せず統合しつつ、社会の分断を緩和しつつ秩序ある多様化社会へ導いていかねばならない。本書は、弁護士の公共財としての存在を明確にさせ、動態的法形成の担い手、国民のための法曹の支配を強く打ち出し、英国におけるようなネオリベラリズムからの攻撃を乗り越える構想であると自負している。本書第4章ⅢとⅣをご覧いただきたい。

(5) 司法修習 ──────────── 法曹一元の壁

上記研究書①宮本康昭・中尾正信及び②野村吉太郎・深沢岳久・山本幸司は、法曹一元と司法の独立について、綿密に論じている。また同① 30 頁丸島俊介は、同①②の中で唯一法曹養成を論じているのは、慧眼といえる。しかし、残念ながら法曹養成改革の内、司法修習の縮小や廃止を全くと言っていいほど論じていない。司法修習は法曹一元の大きな壁である。筆者は修習生のとき、取調修習拒否運動に一応参加した。当時から冤罪の温床としての取調

を無批判に実習することに抵抗があったからである。しかし，運動の正式な理由は権限がない者の違法行為との位置づけられていた。それなら権限を付与せよとの運動になるはずがそれはなされなかった。裁判官，検事の権限付与は困難であり，弁護士の権限付与は可能であった。そこで，筆者が中心に作成され，2000年司法改革審議会に提出された二弁提言書は，研修弁護士を提言したのである。これをうけて，司法改革審議会意見書は，司法修習の給費制廃止または貸与制と決定したことは，司法修習の縮小や廃止を予定していたといえる。意見書の趣旨を守るべきであり，谷間世代のような被害者を出さないように廃止すべきであった。

　また，筆者が修習生のとき刑事弁護教官には，刑事専門の大野正男弁護士のみが選任されていたが，労働側というだけで刑事専門弁護士が選ばれてなかった。そこで筆者は修習生のときから，刑事専門弁護士を就任させる運動を続けた。その成果として，西田公一弁護士が採用された。戸田謙弁護士は採用されなかったので，二弁会長になっていただき，大野正男弁護士の最高裁判事就任に尽力いただいた。その後も取調修習拒否者の最も刑事に熱心な弁護士が除かれるも，相当に改善された。さらに，二弁が司法修習廃止を主張した結果，最高裁はいわゆる民衆側というべき者で自他共に認める刑事専門の神山啓史弁護士を教官に採用した。

　このように司法修習での大きな課題を常に改善する必要があるが，何より任官者採用機関であり，これがある限り，法曹一元はありえないのである。そして，司法修習の教育は，法の拘束性のみを教育し，これに沿って2回試験を行うもので，もはや社会の法変動の円滑性を阻害する何ものでもない。

序論　新改革案の現代的意義

　後藤富士子弁護士は,『「統一修習」は阿片だ!!——韓国が照射する日本の旧態依然』(自由法曹団通信 1648 号 2018 年 10 月)と痛烈に司法修習の廃止を訴える。同弁護士はかつて大著「法曹一元」を出版されたとおり,法曹一元の実現に向けて韓国と同じように司法修習を廃止せよ,さもなくば阿片を吸い続けると同じく法曹全体が「死に体」となると強く警告している。

(6)　弁護士法 72 条 ―――――――――― 隣接士業・ABS など

　上記研究書① 278 頁山岸良太及び② 128 頁下條正治は,英国のABS (Alternative Business Structure)を分かりやすくかつ詳細に論ずる。つまり,弁護士の業務の拡大が実現していることを積極的に肯定しつつ,72 条の適用として,非弁活動禁止を強化すべきか,すなわち米国の UPL 規制のように弁護士増員と共に非弁禁止強化に向かうのか,英国の ABS のように法律業務を他の業者に奪われるのを是認するか,日本では隣接士業に任せるのか,という課題を提起している。本書はこの点についても,動態的法形成を担う重大な役割は,法曹の独占すべき分野であり,法的判断を担う業務,法的事件性を解決する権限は弁護士の独占業務であるとした。つまり,形式的合法性のみを判断する行為は本来はありえないので,法曹は実質的合法性も含めて,全ての法律業務を独占する。同じく「条解弁護士法」は,事件性のある事案のみを独占できるとする見解に反対し,事件性という曖昧な概念も否定し,最も広く非弁活動を捉え,取締の対象とする。ただし,余りに広がりすぎているせいもあり,実効性に欠ける意見となっている。

　だが逆に,違法駐車取締業者の少額集金について護士法 72 条

違反で逮捕拘留され起訴される事件が発生した。これに対して，本書では，法の表面上の拘束性という形式的合法性のみを抜き出し，法律家による判断を経た上で，定型化され，かつ大量に少額の請求する業務などについては弁護士独占の例外とする，との基準を設置するべきとの提言をしている。この類型での現場での紛争は，争いがあるように見えても，事実的事件性にすぎず，法的事件性はないと新しい解決論を提示するものである。本書第3章5項と続巻（『新弁護士業務論』法動態学講座3（信山社））にて詳述する。

(7) 弁護士正当業務型の確立――――――独立性と裁量性

上記研究書②193頁矢吹公敏は弁護士増員に伴う懲戒申立の激増と懲戒決定の増加に伴う弁護士自治のあり方を論じ，貴重な提言をされている。これについて本書では，弁護士自治の死守すべきものは，法の漸進的歩みをする弁護士，実質性合法性への進歩を貫く弁護士の「独立性と裁量性」の保障であることを強調する。真実を明らかにすること，適正に評価すること，それが社会正義と人権擁護に連なる。いわゆるブラック弁護士が横領などで形式的合法性を逸脱するときに，迅速に強力に懲戒をし，他方で実質的合法性の追求に努力するホワイト弁護士を懲戒してはならない（遠藤2018及び続巻『新弁護士懲戒論』法動態学講座2（信山社）をご覧いただきたい）。なお，弁護士以外の裁判官，検察官，行政，企業の法曹も，法の漸進的改革に尽力する役割があり，正当業務型として懲戒をされない権利を有する点では，同じといえる。

(8) 行政と立法への法曹の拡大────国民のための法曹

　司法改革審議会意見書を始め，従前の弁護士論は司法の改革に止まっていた。しかし，動態的法形成を進めていくのに，司法における法の解釈論的運用を1とすれば，行政の法令や通達によれば5となり，立法によれば10となるといえる。それゆえ，国民のための法曹の役割としては，ドイツのような行政国家と同じく，司法の中だけの解決では充分でなく，行政や立法を担う法曹の教育も対象となる。この点についてはケイガン教授の研究は重要な参考となった。つまり弁護士論だけでは不充分で，法曹論，法の改革論に向かうべきである。本書では，すべての章で課題として取り上げている。そして既に，上記研究書や，日弁連のセミナーにおいても，行政や立法で業務をする多くの弁護士に登場していただいているのは，本書の趣旨と歩みを共にしているといえる。

(9) 法曹コースの設定など────漸進的な前進か後退か

　上記研究書は，ここ10年間の最大の課題となっている法科大学院を含む法曹養成問題に触れられていない。そこで本書をもって補充いただくと同時に，現在まで法科大学院への公的支援の見直しの検討がされてきたので，その課題を以下に紹介する。中央教育審議会では，法科大学院の改善が審議されてきた。提案された法曹コースは法学部3年と法科大学院2年をセットとするものである。

　未修コースより既修コースの合格率がはるかに高いため，さらに効率よく既修コースの合格率を高める目的といえる。これに対して，委員の中からは，毎回，未修コースをどのように改善する

のかとの問いが出されてきた。まさに正鵠を射た問題提起である。未修コースとの統合へ，または，司法試験の簡素化による合格率アップ，または予備校では不可能な基礎法との連携教育の採用など，徐々に進めるのが漸進的な法の運用ではないだろうか。漸進的とは徐々に前に進むことであり，漸進的な前進とは言わないが，あえて強調せざるを得ない。日本では，漸進的改革というとしばしば徐々に後退していく。それを避けるためには，中長期の目標をかかげ，短期には，何ができるか，徐々に実現していく必要がある。そのように議論を整理していくのが効率的といえる。

(10) 司法試験の簡素化 ―――― 中長期的な計画設計

さらに元栄参議院議員からは司法試験期間の8ヵ月のギャップタームを解消するべしとの意見が出されていたところ，与党が，法科大学院卒業前に司法試験受験を認める案を準備中との報道がされた。本書の提言によれば，法曹養成の短期化，教育の濃密化は可能であるが，司法試験の簡素化など総合的な調整をしなければならない。1つの項目を取り上げ，改革しようとすることは，建物全体の設計図の中で一部を変更しても，全体に影響がないか，あるいは建物が崩れてしまうという危険性があるかを慎重に検討するべきだろう。中長期的でかつ漸進的計画なしには，労多くして功少なしとなる。

また，法曹養成に対して莫大な公的支援がされ，国民の利益となっているのか，真剣に考えるべきである。本書では，司法修習生への給付金の廃止（司法修習から研修弁護士へ）を提言しているので，第2章6項を参照されたい。

第1章

グローバルな社会変動に向けた法曹養成論

―― 基礎法学と実定法学の連携教育 ――

要旨

　法科大学院制度成立後10年を経て，法科大学院を中核とする法曹養成制度の充実が求められている。しかし，司法試験や予備試験に振り回されている結果，プロセスとしての教育は成功しているとはいえないので，実定法学と基礎法学との連携教育を導入し，プロセス教育を充実させ，強化しなければならない。そして，司法試験対策に陥入ることを避けるために，司法試験を簡素化する。医学部教育と医師国家試験にならうといえば，分かりやすいといえる。当然予備試験は廃止されるべきである。法科大学院入学の総定員を2,000人とし，厳格な入試手続を行い，司法試験合格者定員を1,500人とする。現代の実務の課題を理解する実務教育は法科大学院で開始し，見学的司法修習は縮小し，実務の進歩を目指す弁護士会の研修と有給の研修弁護士制度に託する。

第1章　グローバルな社会変動に向けた法曹養成論

1　法曹養成制度改革案

■優秀な学生が敬遠

　日本の法科大学院制度は，法曹人口の一定の増員に寄与したものの，法曹資格を得るためまでの期間が長く，司法試験のリスクが大きいということから，優秀な学生の多くが敬遠するようになった。つまり，法科大学院制度は，法曹志望者の激減という危機に直面している。また，法曹人口の抑制を主張する側からは，法科大学院制度への批判は強く，旧制度への復帰も主張される中で，他方で，改善案については，積極的な討議さえされていない状況となっている。このような状況の中で，法科大学院制度の失敗の原因は，従前の司法試験と司法修習をほぼ同じ形で残したことが明らかであるが，ほとんど討議の対象とされていない。つまり，法科大学院教育の発展を関係者が協力して実施すべきであったにもかかわらず，問題の核心に迫っていない。

■弁護士の収入減

　さらに，弁護士の収入減が法科大学院の人気凋落に拍車をかけている。ここ約15年で弁護士数は，2倍となり，4万人を越えた。だが，裁判事件数は過払金訴訟を除けば，従前と変わらず横ばいである。弁護士の増員による裁判数の増加がない以上，裁判の改善も含めて根本的で広い改革に向かうべきだ。そこで，本稿では，大学学部と連携した法科大学院の教育を最優先とし，司法試験と司法修習を簡素化し，弁護士会研修を強化し，医師養成制度を参考に，有効な一貫教育を検討する。また，日本の法曹がグローバ

ル化に対応できていない点でも国家的危機といえるので，現在のグローバルな社会変動に対応するために，欧米の法曹養成制度，特にカナダの制度を導入して，アジア諸国にも重要な参考となる新しいモデルを以下の通り提示する。

■新しい法曹養成モデル

⑴ **法曹養成の理念**：司法・行政・立法の分野で，グローバルな社会変動に対応できる，法曹を養成する。法の予測性・安定性・固定性と共に，法の可変性・進歩性・多様性・柔軟性を教育する。

⑵ **教育内容**：新たに基礎法学と法律英語を必修科目とする。米国ロースクールにおいて成功した基礎法学（政策法学を含む）と実定法学の融合教育を漸次進めるため，学部・法科大学院・司法試験・弁護士研修の教育をリンクさせ一貫させる。日本では，各基礎法学の学会が発展し，実定法との連携研究も進んでおり，今や実務と架橋する時期が到来した。

⑶ **期間と費用負担の軽減**：学部の早期卒業，法科大学院2年9ヵ月，司法試験3ヶ月などと学生の期間を短縮し，経済的負担を減らす。逆に実務研修期間中は，完全に有給にする必要があり，英国とカナダの研修弁護士制度を導入する。

⑷ **法曹人口の適正化**：司法試験合格者を，立法や行政，隣接士業など多分野に進出させ，法の支配を拡充させる。民事裁判や行政訴訟を活性化させ，紛争や犯罪を予防し，かつ司法と行政の手続簡素化を進めながら，常に法曹人口を検証し，適正化させる。法曹は，医師と同じく市場の失敗を補正する公

共財である。公益性・裁量性・独立性を有する社会的に重要なプロフェッションであり，他の資格制度と異なる点を明らかにしつつ，過剰な合格者や過剰な不合格者の発生を共に防ぐ必要がある。韓国を参考に法科大学院の入学定員と司法試験合格者の定員を限定すると共に，自動需給調整機能のある研修弁護士制度を導入する。

■具体的な改革案

以下は日本の制度の具体的な改革案である。

① **法科大学院入学**：資力のない者2年修了者（30%）・3年修了者（30%），4年修了者（30%），社会人枠（10%）とする。予備試験は，無資力の証明審査をしないため，多くが法科大学院の多様な授業の負担を逃れようとし，その教育を空洞化するので，廃止すべきである。

② **入学試験**：人文社会学・政治経済学・法の歴史・統計学・基礎科学・英語などの法学の基礎として必須の学問の相当レベルを確認する。どの学部の学生でも，1年生・2年生の教養科目として修得可能である。法科大学院の授業レベルを上げるためには，この入学試験こそが重要であり，米国LSATを参考にした従前の適性検査は，この中に若干でも融合させれば充分であり，廃止は順当といえる。

③ **法科大学院**：(12月末までの2年9ヵ月) カナダのロースクール2年8ヵ月を参考に，コースを1本化し，効率化する。学部教育の成果を重視し，法科大学院では，春・夏休みも授業し，初歩的でかつ課題認識重視の実務教育をカバーするが，実践

的実務教育は研修弁護士制に回せば可能となる。定員を約2,000人（150人×15校から50人×40校の範囲）と限定する。基礎法学の法社会学，法理学（法哲学），犯罪社会学（刑事政策），法と経済学，法と科学，公共政策学，比較法を必修科目とする。独仏・韓国と同じに法律英語も含ませる。

④ **卒業試験：**（12月実施・発表・卒業）基礎法学（政策法学を含む）と実定法学を対象とし，融合問題を含む（英語を含む）。合格率を約90％とする。

⑤ **司法試験：**（1月実施，3月発表）受験資格は，法科大学院卒業とする。韓国を参考に試験期間を短縮し，かつ4月からの就職を可能とする。試験内容は簡素化し，司法試験法の規定どおり，法科大学院の授業内容と一致するよう出題し，達成度を確認するものとし，基礎法学（政策法学を含む）と実定法学を対象とし，連携問題を含む（英語を含む）。合格率約80％とし，合格者約1,500人とし，その内法曹三者約900人を予定する。

⑥ **司法試験合格者の司法以外への就職：**（4月）法曹三者以外の分野への進出を大いに奨励し，法科大学院では，そのための幅広い教育を行う。研究教育職50人・行政立法職200人・企業団体100人・隣接士業分野250人の予定をし，4月勤務開始とし，業務に際して「法曹資格者」を標榜できる。隣接士業の資格を付与し，定型書式の作成業務に加えて，これと切り離せない法的判断業務を漸次法曹資格者が担うようにする。弁護士会への任意加入とする（準会員として会費年3万円）。3年実務経験後，弁護士権限をもつ有給の研修弁護士としての2年勤務（弁護士会研修付き）を弁護士開業要件とする。現

在の弁護士資格認定制度の実務経験5年または7年を短縮する代わりに，研修弁護士制度を導入する。

⑦ **司法への就職**：実務研修は，研修医制度を参考とする。独仏を参考に弁護修習の拡大・強化をするため，限定権限を付与し，期間を漸次拡大し，修習生の選ぶ弁護士事務所で給与を負担する。実質上の研修弁護士1年間である。弁護士会修習において，法の進歩性の面の教育の強化をする。検察・裁判修習を1ヶ月に短縮する。

⑧ **研修弁護士2年**：カナダの1年4ヵ月の権限付き弁護士制度を参考にする。司法修習1年の後の本人の選ぶ弁護士事務所での弁護士権限付き1年有給勤務を弁護士の開業要件とする。同時に，裁判官，検察官の任官要件とすれば，弁護士5年～10年で任官することが予想され，日本型法曹一元となる。漸進的に司法修習を研修弁護士2年に統合する。

⑨ **弁護士会研修の強化**：弁護士会は弁護士実務から臨床法学を発展させる。これに基礎法学と政策法学をリンクさせる。その成果を弁護修習，研修弁護士の教育に還元させる。弁護士会研修は創造的となり，裁判官，行政官，政治家を希望する者の養成にも貢献できる。

2　法動態学による教育

■**法の変動についての教育**

司法は紛争と犯罪の事後処理を扱い，従来の法曹養成教育はこの狭い分野を対象とした。しかし，現在では，紛争と犯罪の予防，

2 法動態学による教育

行政の効率化，という立法と行政の役割に法曹が参加すべき時代となった。法科大学院教育はこの広い意味の法曹の養成に当たる任務を負う。

換言すれば，法学の研究と教育は常に社会の動態を観察し，検証し，法の円滑な運用がされているか，課題があれば何をどのように変えていくか，という役割を担う。従来，法学教育では，法の予測可能性が強調され，主として法の形式的合法性（法の拘束性・固定性・予測性）を教育の対象とした法動態学である。しかし，科学の急速な進歩の中で，経済と社会の動態に合わせた法の実質的合法性（法の漸進的変更性・進歩性・多様性・柔軟性）を追求することが重要となっている。本書第4章で詳述する法動態学である。

弁護士法の規定する「社会秩序の維持」とは，「法の拘束性」を指し，他方で「基本的人権の擁護」，「社会正義の実現」，「法律制度の改善」とは，「法の進歩性，変更性」を示す。形式的合法性の研究は主として実定法学の分野であり，実質的合法性の研究は主として基礎法学の分野である。

日本では戦前より実定法学の研究は発展したが，基礎法学の研究は1960年頃から進んだ。法哲学・法社会学・法と経済学・公共政策学・犯罪社会学・比較法など多くの学会が成果を出してきた。米国ロースクールでは両者の融合教育に成功した。欧州では法学部と修士課程に取り込まれた。日本でも，これに取り組む研究や教育も始まっている。

法の漸進的変更性を研究することは，解釈論ばかりか，立法論または法政策論となる。実社会では，常に法の拘束性から法の漸

進的変更性を求める動きがある。研究はこの両面を適確にとらえ，大学，法科大学院，実務研修，弁護士会研修まで，一貫して連続性をもって教育の中に反映しなければならない。これにより，2本の矢が，研究から実務教育まで貫き，実務を一歩前進させることとなる。反対に実務が先に進んだときは，逆に実務から研究に反映される。筆者が司法改革審議会に向けて公表した「実務・教育・研究の融合」，「実用法学・実定法学・基礎法学の連携」という一貫したテーマである（遠藤 2000）。

■実践的実務教育

社会変動に合わせた法解釈，政策や立法を論じることは，創造的であり，社会に役立つし，成果も見える。現存の法秩序を尊重しつつ，法を漸進的に柔軟に運用するにはどうしたらよいかとの観点にたてば，研究・教育・勉学において，きわめて興味のわく作業となる（遠藤 2012 abc.）。学生や研修弁護士が意欲的に取り組める。米国ロースクールに世界中から留学するのは，このような法学の発展があったからであり，日本の学会は充分にこれの受継をしてきた。日本では米国ロースクールの形を取り入れたが，融合教育という中身も取り入れることが，真の司法改革に必要な本来の目的であったはずであり，いわば予定どおりの進行といえる。

リーガルクリニックの学生，実務研修生，研修弁護士のいずれの教育でも，これは貫かれなければならない。法の変更可能性への訓練は，必須で容易といえる。たとえば文書提出命令の拡大を目指す研修である。弁護士としての立場の研修が最も実施しやす

い。特に権限を付与することにより充分緊張感をもって研修できる。弁護士会が責任をもってその整備をすべきである。欧州の研修弁護士は，この長所をもっている。他方で，米国のリーガルクリニックでの学生の弁護士権限行使は，極めて先進的であるが，数少ない指導者の負担が大きく，また，全学生を対象に実施できない。そこで，カナダのロースクール2年8ヶ月および1年4ヵ月の権限付き研修弁護士制度のセットが理想といえる。日本でも法科大学院で初歩的かつ課題重視の実務教育をし，研修弁護士で実践的実務教育をするべきである。

■法曹のための法動態学

　法曹一元の長所も法の変動を可能とすることにある。学生の時から法の変動の教育を受け，弁護士を10年余りすれば，依頼者の要請に応じて，法の進歩性や漸進的変更性を実現する能力も習得出来る。逆に，司法試験や司法修習後に若くしてただちに裁判官や検事となったときには，主として法の拘束性を強制する業務が多いことから，法を漸進的に変更していく力を養成することは困難といえる。官僚裁判官制では法の現状維持になる傾向となる。しかし，ドイツのように教育や運用によって改善されてきた例はある。新しい法科大学院教育はまさにこの目的のために必要とされる（木佐1995）。

第1章　グローバルな社会変動に向けた法曹養成論

3　欧州の法学教育と研修弁護士制度

■イギリス
(1)　英国の法学教育の流れ

　欧州では，18世紀まで，君主制の下での官僚組織が形成されてきた。大学では古いローマ法を教育し，法学者と司法官僚が法を固定的に運用していた。その状況の中で，近代自然法思想を中核とする市民革命が起こり，その後に，産業革命が19世紀半ばまで続いた。貴族支配に対して産業資本の発展のための経済思想が広がり，これを支える所有権，契約，不法行為などの法概念の確立へ向けて，研究と実務が連携して進み，教育も機能するようになった。

　英国の大学では18世紀後半にブラックストンが，初めてイギリス法を講義し，自然権と議会主権の両面を肯定する講義をした。これに対して，19世紀にかけてベンサムは，著述家として近代自然法を否定し，功利主義（最大多数の最大幸福）を提唱し，実体法を最大限に実効的にすること，完璧な法典を求め，法実証主義を進めた。オースチンは大学でベンサムを受け継ぎ法理学の分析法学を成立させたが，これに対してメインは自然法論と分析法学を批判し，「身分から契約へ」という社会実態を先導する歴史法学を提示した（田中1997）。ポロック，ダイシー，メイトランドがイングランド法学を発展させ，大学での法学教育は法の変動教育に成功し，英連邦諸国にも輸出し，今日に至る。

(2)　英国の実務教育

　英国の実務教育は，15世紀にバリスターの法曹学院（インズ・

オブ・コート）が，また18世紀にソリシタのローソサティの前身が担う。19世紀に双方が，教育，試験，資格付与の権限をもつようになる。実務研修1年／2年（限定権限）の後，研修弁護士2年／3年（有給・弁護士権限）を開業要件とし，業務をしながら，市民や商人の要求を受けて法の進歩の必要性を学ぶ教育を受けた。法の安定性と共に法の創造性を探究する実務教育による法曹の誕生という原型が誕生した。大きな長所としては，弁護士会を主体とする統制であり，法曹一元を発展させ，法の変更を容れる判例法を形成させた。

19世紀から20世紀にかけて，労働者階層の拡大に伴い，弁護士層はリーガルエイドの拡大をさせ，法の変動を担った。たとえば，弁護士アトリーはスラム街の住民の弁護をした後，労働党党首と首相になり，後に弁護士ブレアなども続いた。弁護士ガンジーやネルーも法の変動教育を受け，法の進歩に貢献した。

■独仏の法変動

これに対して，独仏では，司法官僚による上からの法の強制や産業化が進んだ。弁護士層は弾圧される状況もあった。ローマ法の影響を受けたまま，フランス民法典（ナポレオン法典）は1804年に公布され，これに続いて，全ドイツに適用する法の統一を目指す動きに対して，サヴィニーは，ベルリン大学にて法典編纂による法の統一に反対し，法の変動の中での有機体的な思考をする法律学による法の統一を提唱した。しかし，ドイツ民法典は1896年に公布された。既存の法を集大成しつつ，自由主義的色彩を入れたものの，君主制の中で，法の固定化が進んだ。

第 1 章　グローバルな社会変動に向けた法曹養成論

(1) フランスの弁護士自治

フランスには，古来より訴訟代理をする弁護士（アヴォカ）がおり，15世紀には強制加入のギルドを作っていた。15世紀には代訴士職（アヴェ）が分離し，17世紀に商事代理人，19世紀に法律顧問職が発生した。フランス革命後に弁護士業の廃止と復活を経て，弁護士自治は1830年に認められた。19世紀まで弁護士資格付与は緩やかであったが，20世紀には司法試験，研修1年（限定権限），研修弁護士2年（有給・弁護士権限）を義務化し，2004年に研修1年半のみとした。司法官修習2年半（有給・限定権限）は別ルートとなっている。

弁護士会の力は強く，弁護士に進歩的教育をした点で，戦前の日本と異なる。本書序論の上記研究書② 155頁金塚彩乃論文によれば，国に管理されない法曹養成，弁護士会の独立した自治が日本より民主制を高めていることを明らかにしている。

(2) ドイツの法学教育

ドイツでは，17世紀末まで弁護士二元主義であったが，18世紀から次第に一元化されていった。隣接士業もある程度存在していた。13世紀以降から，代弁人強制の歴史があり，19世紀に弁護士強制制度とした。司法機関の1部として，公務員的他位に見なされる。続いて，弁護士保険の拡大に至る。懲戒権は19世紀以降，弁護士会を中心とし，弁護士を主たる構成員とする弁護士裁判所（3審）が担うこととなり，独立性を有している。遅れて産業革命の起こったドイツでは，19世紀の大きな流れは，国家による産業資本の育成であり，その目的のために，1871年にプロイセンが統一を果たし，1879年の裁判所構成法の制定により，

司法制度の基盤が形成された。この法律で，法学部，卒業資格を兼ねる第1次国家試験，2年間司法修習（有給・限定権限），第2次国家試験という「2段階養成システム」がとられた（広渡2003）。官僚統制による教育であり，法の拘束性が強化され，普仏戦争，第1次世界大戦，ナチスへと突き進んだ。逆に戦後は，ナチスの反省から，自然法の再生も含めて，法学者，裁判官，弁護士による法教育も改善され，法の創造が著しく進んだ。

■日欧の弁護士制度

日本では，1993（昭和8）年に弁護士試補（1年6ヵ月・無給・無権限）の修習制度ができた。フランスの権限付きの研修弁護士の進歩性を有していなかった。1947（昭和22）年に司法研修所の下に統一修習を受けることとなった。条解弁護士法（日本弁護士連合会調査室編）では「世界中にも類例がないもの」「統一・平等・公正な修習として優れているもの」としているが，これは，ドイツの制度を真似たものであり，官僚的統制を受ける点で英仏の制度より劣ってきたし，無権限で無給の学生に等しい点でドイツより劣ってきた。

欧州の法曹養成の特徴は以下のとおりであり，弁護士会研修を中心に参考とできる。①弁護士権限付きの研修弁護士制度または限定権限付きの弁護士研修は，市民の要請を受け止める教育および弁護士会の進歩的教育であり，また研修生が自分で就職する研修先を選ぶ自動需給調整機能をもっていた。②英国の研修弁護士を経る法曹一元は，弁護士から裁判官や政治家を輩出し，これらが法の創造性を発揮できた歴史があり優れている。独仏における

官僚主導の制度では，実務教育では主として裁判研修が法の拘束性を，弁護士会研修が法の進歩性を分担したと評価できる。しかし，運用がより重要であり，独仏の実務教育全般は，少なくとも戦後は，法学教育と連動して大きな進歩的役割を果たしたといえる。③欧州は2回の世界大戦が災いし，米国のような訴訟大国とならなかったが，他方で米国の法の発展の成果を，研究と教育を通じて行政国家に取り込むことに成功した。

4　米国ロースクールの融合教育と法政策教育

　当初，弁護士養成は，大学卒業後における各弁護士事務所での徒弟教育であった。19世紀前半には，ケントとストーリーが，イギリス法を継受した米法を確立し，大学，法律専門学校，ロースクール（2年）で広めた。自然法思想と法実証主義の結合がみられ，その後の産業発展に貢献する法の明確性・安定性・予測性の面が明確となっていく。2年制ロースクールの下では，学生には法実務を教え込むことを任務としていた。資本主義の発展と歩みを合わせて，陪審と共に弁護士制度が発展し，法曹一元が成立し，弁護士の中から裁判官が選ばれた。19世紀後半から労働者の大量発生と消費者層の拡大に伴い，社会変動が連続的に起こってきた。

■ソクラティック・メソッド

　1870年にハーバード大学でラングデルによるソクラティック・メソッド（ケース・メソッド）のロースクール教育が始まった。

4 米国ロースクールの融合教育と法政策教育

当初は判例の趣旨や拘束性の教育を主としていたが、20世紀初めには、ロースクール2年間でもさらに法の進歩性の教育に進み、ソクラティック・メソッドで法社会学や法理学と連携した教育をし、社会変動への対応を訓練した（シーバート2002）。ただし、弁護士試験は実定法の知識の確認のみの手続であった。

しかし、その後法学分野には、さまざまな他の学問分野からの参入により、融合教育に加えて政策論議が必要との要請が出てきた。それ故、3年目には高度な政策的講義が行われるようになった。

1923年にABAは、最初の「ABA認定校」のリストを公表し、この頃から3年制になった。3年制を提唱した者は、法律原理（法律科学）を教育する学術研究施設であるとし、法学は科学であるとみなし、リードは、「現実の法と区別して、正義の実現に向けての有効な手段、あり得るべき法学、立法も求めて野心で活力をもつ人材を実務、法廷、議会へ送り込むことである」とし、ソロブ教授は、「我々は、将来、権力を掌握する人材、例えば、弁護士、裁判官、政治家、政策立案者などを養成している。また、法の歴史、法哲学、法と文学、法と社会、法と経済学などを学ぶ機会なのである」とした（タマナハ2013）。19世紀後半に、法の固定性が進んだことに対して、20世紀前半にプラグマティズム法学、社会学的法学、リアリズム法学が発展し、実質的合法性の面の拡大に成功した結果が、上記教育に反映された。

■弁護士の一元化

20世紀には、非弁護士（隣接士業を含む）の法的業務を禁止するUPL規制（Unauthorized Practice of Law）が徹底し、弁護士一

第1章　グローバルな社会変動に向けた法曹養成論

元化が進んだ（ABA 1995）。弁護士は，法の二面性，特に法の進歩性を体現できる特性を有するが，非弁護士や隣接士業は法の固定性の一面のみを強制する役割を果たしてきた。この米国の弁護士一元モデルの影響で，英仏では法律職多元主義から一元主義へ，ドイツでは隣接士業の縮小へと向かった。また米国では弁護士一元主義を強制した結果，弁護士が非弁護士（隣接士業）より優れていることを示す必要があったり，また弁護士の扱いづらい貧困者の事件を放置できなかったため，ロースクールにクリニックを開き，学生の実務能力強化を兼ねて，無償で権限を付与して弁護活動に当たらせた。単なる実務研修というより，社会の貧困をつきつけて，法の変更の必要性を体感させるものであった。

　米国の法曹養成の特徴は以下のとおりであり，基礎法学の発展を中心に参考とできる。①19世紀後半から大量の労働問題や消費者問題が発生し始めた。新しいこの実務に，ロースクールの研究と教育は基礎法と実定法の融合教育を通じて，法概念を漸進的に変容させて対応をした。陪審，ディスカバリー，クラスアクションなどの発展，莫大なリーガルエイドの投入と共に成功した。②20世紀後半には，第3次産業革命も始まり，新しい法創造，法政策，予防立法も研究・教育の対象とした。③弁護士一元主義とリーガルクリニックは，法の進歩性を広める効果をもった。④法律事務所でのアルバイトをしながらロースクール3年という充分の教育期間が与えられた。

5　欧米の制度の統合

　米国では，法の進歩に向けて，企業や資産家に有利な弁護士制度を，リーガルエイド，弁護士保険，陪審などにより補正してきた。アジアでは，これらを参考としつつ，より効率的に，法曹が以下のとおり，行政や立法に進出して，司法と協力しつつ改革すべきである。

　①　戦争の連鎖および物，金，人，情報の移動による紛争をめぐり，法の支配は大きく揺らいでおり，グローバルな対応を研究し，教育を通じて漸進的に安定させる必要がある（ケイガン 2007）。

　②　米国のような大量の弁護士による拡大したアドヴァサリーシステムは，世界的に例外である。欧州は効率的な立法や行政機能を求める他諸国では，修正されている[14]。

　③　米国の長所を生かしつつ，弁護士の過剰，ロースクールの過当競争，学生の過重な負担などの課題を適正化すべきだろう。効率性をもって研究・教育・試験・実務研修をし，公益性の高い法曹を養成するため，研修弁護士の自動需給調整機能で紛争解決や予防をしている。

　④　米国LSATは，ロースクール教育に必要な学部教育の修得を確認するものではない。また米国のロースクール教育の内容は，司法試験に取り込まれていない。学部・ロースクール・司法試験・実務教育を連動させる必要がある。

　⑤　日本の法曹人口は欧米を参考に，リーガルエイドの拡大，弁護士保険の発展，文書提出命令の拡大，立法・行政や隣接士業

の分野への進出と合わせて検討すべきである。

　以上によれば法科大学院では基礎法学と実定法学の双方または連携教育が行われ，これを確認する簡素な司法試験が実施されるべきである。医学教育を参考にすると，解剖学は法社会学，生理学は法理学，疫学は法政策学に対応する。法政策学は，紛争や犯罪の原因を調査し，予防的立法を提示する。臨床医学（内科・外科）に対応する臨床法学とは，実務における法の運用の実態を分析し，対症療法を提示すると共に，根治療法へとリンクさせる。グローバル化に対応するためにも，学部から実務研修まで一貫して英語使用を融合させれば効率的である。さらに弁護士会の進歩的研修を強化すれば，カナダモデルを発展させ，21世紀型の，最先端のグローバル社会対応のアジアモデルが完成する。

第2章

法科大学院・法曹人口・司法試験・司法修習をめぐる対立

> **要旨**
>
> 　法科大学院制度開始前後から，司法試験合格者は，約2,000人に至り，法曹増員が進行した約15年間で，弁護士は2万人から4万人に2倍となった。法曹増員に賛成か反対かに全国の弁護士会は迫られ，一部の激しい反対派の主張は，法科大学院廃止，司法試験の合格率の低下，司法修習の二年化という完全な旧制度への復帰を主としている。いかに歴史を学ばず，法曹の役割を論ぜず，多様な意見に耳を傾けない偏狭なものであるかを理解すべきである。
>
> 　しかし，他方で法曹増員派も改革の方向と具体的プロセスを示していない点で説明責任を果たしていない。
>
> 　本章では，この対立の止場に向けて，法科大学院中心主義を進め，漸進的な増員を提唱し，かつ行政や隣接分野への進出を必須条件とする立場を明らかにする。

第2章　法科大学院・法曹人口・司法試験・司法修習をめぐる対立

1　法曹人口論の対立

■増員派と減員派の争点

　司法改革審議会の意見書の実施をめぐり，法曹増員派と法曹減員派の2つの主張の対立が続いてきた。しかし，いずれの立場でも，弁護士の隣接士業分野への進出を課題にしていない点で，論争点が深まらない経過となっている。弁護士層が実定法のみしか扱わず，法社会学などの基礎的思考ができないことに大きな原因がある。

　すなわち，長期的な隣接士業（税理士，司法書士，社会保険労務士，弁理士，行政書士）の資格の統合を視野に入れるべきところ，これを全く検討していない。つまり，法曹増員派は，司法試験合格者3,000人を目標とするが，隣接士業の問題に一切触れていないので，その主張に説得力を欠いている。法曹減員派は，現状の隣接士業を前提としたまま，旧司法試験の制度に戻すとの消極的な意見にすぎない。減員派の主張は法科大学院を廃止し，司法試験のみで合格者約500人とする旧制度に復活させるべきとするのが中心となっている。しかし，不合格者の犠牲の下に合格者の弁護士の特権的地位を守るもので，社会の支持はとうてい得られない。結論としていずれの立場も日本の裁判制度を含む法の改革を課題とせず，法曹の役割の拡大をも具体的に提言するものではないので，この本質的課題に取り組めば，対立の止揚は可能である。

■隣接士業との共存共栄へ

　日本弁護士連合会の執行部は，この対立の中で，妥協点を探る

努力をされ，司法試験合格者をほぼ1,500人とすることにこぎ着けた。しかし，日弁連も，隣接分野への進出を具体的にうたっているわけではなく，その主張は明確ではない。そして，日弁連が「2017年度版弁護士白書55頁」に，シミュレーションをだしているとおり，合格者1,500人を維持すると，将来2040年に，弁護士は6万人になり，全法曹は6万5千人となり，ほぼ増加が止まることとなる。このような増員に対しては，もはや弁護士内部だけでなく社会にも良い効果を与えないことは明らかになりつつある。そこで，合格者1,500人としても，弁護士は年800人〜1,000人の増加とし，他に行政，立法，隣接分野，企業に進出することを進めなければならない。

つまり日弁連は，妥協点に持ち込んだだけで理論的根拠を何ら示さず，社会への説明責任も果たさず，長期的展望も開示していない。何よりも法科大学院の再生の構想が何ら提示されていない。このような状況では，政府，法務省，最高裁，弁護士会は社会に指導的役割を果たしているとは言えず，ましてや法科大学院の運営者たる大学関係者も，積極的検討を加えているとは到底言えない。文科省は，縦割行政の中で，妥協点を探る努力をしているが，日弁連と同じく理論的根拠が示されていない。

そこで以下に，法科大学院の再生構想，弁護士の役割拡大などを含めて，法曹人口の対立の止揚を示す。すなわち，約15年前より，隣接分野などの進出にあわせて法曹人口を徐々に増やすべきだったのに，急激に増加させすぎたのであり，今やこれを再構築することである。

第2章　法科大学院・法曹人口・司法試験・司法修習をめぐる対立

2　法科大学院中心主義及び司法試験の簡素化・短期化

　法科大学院を中心として充実した教育をするには，司法試験を短期化し，また簡素化する必要がある。司法試験は法科大学院教育の達成度の確認，同教育のレベルの平準化である。医師国家試験と同様に多枝選択式にし，論述式は融合問題の1題とする。

　法曹人口を社会のニーズに合わせることとし，韓国を参考に当面大学院への入学定員を約2,000人とする。筆者は約15年前に法学部に定員約30人の大学院を設置するという構想を発表していた。現在では，法科大学院において150人から50人の定員で14校から40校の範囲で総数約2,000人の定員に限定するのが現実的である。文科省は，医学部などの入学定員の設定と運用に長けているはずである。入学試験は，人文から科学まで多様性を持たせる。既修と未修のコースを一本化し，3年弱の12月末までとする。

　卒業試験に合格した者の約8割の約1,500人を合格させる。1月実施，3月発表とし，4月には各方面に就職させる。大学院で法政策学を学ぶので，行政や立法を選ぶ者は円滑に増加する。弁護士事務所への過度な集中が避けられる。

3　新法曹一元主義（新法曹による国権の形成）

　(1)　司法修習は，法曹三者を養成するものとし，法曹一元の趣旨が生かされていると言われてきた。条解弁護士法33頁は，「現

3 新法曹一元主義（新法曹による国権の形成）

行司法修習制度は『いわゆる法曹一元の基礎を確立した』もの（福原・65頁）といえるであろう。すなわち，司法修習制度は，判事，検事，弁護士の同質性を要請すべき法曹一元制度の基盤となるべきものである。」という。

しかし，法曹一元とは，英米において発展したもので，民間のベテランの優秀な弁護士層から裁判官や検察官が選出されるというものであり，根本的に異なる。そして，司法修習は，最高裁が運営する点で，教育は保守的で，官僚養成が中心である。また，民事裁判，刑事裁判，検察，民事弁護，刑事弁護の構成の点でも，弁護士養成の比重は低い。最も重大なことは司法修習制度が，任官者の採用手続きの決定的な機関となっていることである。弁護士を経ないで任官させるという「法曹一元の壁」となっていることは明白である。それ故上記日弁連の見解は，変更されるべきこととなる。

英米における法曹一元とは，弁護士層の強力な集まりである弁護士会が，若手からベテランまでの法曹の養成を担い，裁判官や議員を送り出してきた歴史そのものを言う。司法権の独立を可能にしたのも，弁護士（法曹）の独立という基盤を前提としたからである。それ故，日弁連は，法曹一元を主張し，重要な戦略として弁護士任官も進めてきたが，ほとんど停滞している理由に気づくべきだ。

すなわち，任官の入り口である司法修習を廃止し，英米の研修弁護士制度2年を援用すれば，実現可能となるのに，取り組んでこなかった。日弁連の歴史は，まさに急所を外した運動を続けてきた経過となっている。つまり，従来の，旧法曹一元運動は，弁

第2章　法科大学院・法曹人口・司法試験・司法修習をめぐる対立

護士会中心の司法修習や法曹養成にできなかった点で，限界が明らかになった。

しかし，法科大学院成立により，大きく局面は変わってきた。法科大学院中心の教育とは，司法修習の廃止を想定しているものであった。また法曹三者ばかりでなく，行政，立法，企業，隣接分野などで将来活躍するものを対象とし，社会学や政策法学をも含むものである。様々な職業に就いた後に，少なくとも10年の広い社会的経験をつみ，主として弁護士を経て判検事になることが理想となる。

(2) 上記について，さらに分かりやすく説明する。

日本において，なぜ法曹一元運動がほとんど進まなかったのか？本書第1章に主張した「法の変動についての教育」がされてこなかったからである。日本では，法学部，司法試験，司法修習を通じて法の二面性の内，法の固定性や安定性を学ぶ。それ故，ほとんどの裁判官や弁護士は法の拘束性に捕らわれてきた。確かに，公害事件，労働事件，薬害事件などの原告側代理人弁護士が，法の進歩性を理解し，積極的に弁論や執筆をしてきたが，わずかな人数であり，裁判官を希望するわけでもない。職業裁判官と弁護士は同一の教育を受けているので，一般的弁護士から裁判官になる法曹一元の方が法の進歩に向けて優れているとはいえない。

最近では，被害者側代理人弁護士が相当数増加してきた状況はあるが，個別分野の専門家が多いこと，学問的研究をしていないこと，などから裁判官として形式的合法から実質的合法性に漸進させる権能をもつともいえない。つまり，法曹一元の基盤とは，法の漸進的改革をできる教育の存在であり，その教育を受けた多

3　新法曹一元主義（新法曹による国権の形成）

くの者の存在である。

　英国では，弁護士会の教育であった。また，米国では，ロースクールの教育であり，3年制になってからは，政策法学まで取り組んでいった。すなわち，英米では，法の漸進をさせる能力をもつ大量の弁護士の内から裁判官が選ばれた。また，法の進歩性の学習とは自然と政策法学に向かうので，これを学んだ者は，地方や国の議員，行政官になっていったのである。

　法の進歩性を体現する多くの弁護士が司法，立法，行政で活躍し，社会をリードしたからこそ国民は「法曹の支配」と「法の支配」を支持したのである。英米の法曹一元とは，元々，裁判官だけでなく，立法官や行政官を輩出したものである。

　日本の法曹一元の理解が極めて偏っていたことが分かる。実務法曹の中での，条文の隅の解釈論に明け暮れる者達の中で，どのルートで裁判官になるのがよいかは，国民や有識者にとって理解ができないし，弁護士層の中でも説得力を欠いていたといえる。

　法科大学院の教育が充実し，卒業生たる新法曹が司法立法行政すべてをリードするようになれば，三権の分立と連携という理想が形づくられる。まさに,「新法曹の一元化」と「新しい法曹一元」をかねる「新法曹一元」と呼ぶに相応しい法曹の支配へと広がる。法科大学院と弁護士会による法曹養成は，国民的基盤に基づく国権の形成と法の支配の拡充に至るといえる。それ故，新法曹一元とは，法科大学院の新しい教育を受けた者が，三権の独立連携を通じて法の支配を拡充する法曹の支配を意味する。

　(3)　今すぐできることとしても司法試験合格者は，司法修習を経ることなく，法曹として行政，企業，隣接業務の分野に積極的

に進出すべきである。他分野で経験を積んでから，弁護士認定を受けられる制度は現在でも存在する。これを利用する前提で，広い意味での法曹としての活動を司法修習を回避して早期に始めることが推奨される。

4　法曹の質の向上

　法曹減員派や1部弁護士会は，法曹の質を下げないために，司法試験合格率を下げ厳しくすべきと主張している。しかし，司法試験の合格率を下げることにより，質の高い法曹を確保出来るわけではない。筆者の経験でも，2%の合格率で合格したが，深く勉強したら不合格となり，まとめる能力を発揮したら合格した。決して，司法試験により正義感をもつ法曹の質を担保できるものではない。一発試験で人間の能力を測るというのは，教育そのものを全く理解していない。教育とは調査，討論，分析，選択肢の提示などのプロセスでしかなし得ない。短期間の知識の暗記ではなく，中長期的な成長を担保する方法論の修得である。参考とすべきは医学部のプロセスとしての教育である。解剖学，生理学，疫学の基礎医学（理論）と融合した臨床医学（実務）を学ぶ。進化を続ける全体像を理解する。国家試験は授業の理解度を確認し，大学間の格差を是正するに過ぎない。

　法科大学院でも，法社会学，法理学，法と経済学，法政策学の基礎法学と，臨床法学（実定法，実務）の連携教育をすべきだ。従前，基礎法学は軽視され，必修ではなく選択科目で，司法試験の科目でもなかった。連携教育によれば，問題を多角的に深く議

論できる。一発勝負の司法試験や司法修習の2回試験になじまず，プロセスとしての教育なら可能だ。米国のロースクールでは，基礎法学と実定法学の融合教育がされ，さらに政策法学が教育されてきた。今や米国ロースクールの形だけでなく，実質を学ぶ必要がある。

5　公共財（定員制の理論的根拠）

　法曹人口減員派の中には，弁護士の収入低下を減員すべき理由と挙げる者が多い。しかし法曹の役割の公益性を条件としない限り，この主張は成り立たない。法曹とは，そこで，頼りがいのある司法の実現，行政手続の適正化や簡素化，刑事事件の冤罪救済など，国民の利益となる改革を目指すべきである。そして，このような改革を実行する法曹自体の地位は安定しなければならず，医師と同じような資格制度として保護される必要がある。そのためには，法曹の人数の増加を適正化し，他方で，法曹の地位は公益目的の実現のための公共財であることを社会的に認知させる必要がある。

　公共経済学では，自由競争下での需要と供給の価格メカニズムが機能しない場合（市場の失敗）の補強方法の1つとして公共財をあげる。国防や道路のように，供給が限定されており（非競合的消費），利用者は平等の立場にある（排除不可能性）。立法，行政，司法は公共財であり，その構成員の公務員も，限定された数で安定的地位を与えられ，全体の奉仕者として公益につくすもの（公共財）といえる。同様に医師は，患者の病気を治したり，伝染病

を根絶したりすることにより自分への需要を減らす義務を負っている。医師の利益より公益を優先すべき義務を負っており，安定した収入と地位の保障がされるように，限定した人数に高度な資格が付与されることが正当化されている。裁判官，検察官は公務員であり，弁護士は公務員でないものの，裁判を構成する公益的義務を負う点で同じである。紛争や犯罪を迅速に解決し，減少させる義務を負い，自分の利益より依頼者の利益，公益を優先させる義務を負う面で，医師と同じである。

　それ故，厳格な限定された資格とすることが正当化される。法廷外業務でも，紛争に介入して自分の利益を優先して得る事件屋やブローカーと異なるもので，弁護士は適正な費用で法令により解決し，さらに紛争の予防に務める。紛争や犯罪を減少させ，法曹への需要を減らすことが役目なのである。従前も，法社会学では弁護士はビジネスに従事するのではなく，公共的役務を担うプロフェッションであることに特質があるとの意見も強かったが，公共財としての面を補充すればより説得的である。

　また，弁護士や隣接士業の資格は，市場の失敗の内，情報の非対象性を補正するためにのみ認められているので，数を制限できないとの意見もあったが，公共財として保護しなければ資格制度自体が有効に機能しなくなるので，まず公共財として位置付けられるべきである。

6　見学的司法修習の終焉

　増員派は，弁護士の法廷外業務への進出を重視するので，法廷

技術を学ぶ司法修習には消極的といえる。しかし，法廷技術についても，法科大学院や研修弁護士制度によるべきで，無給とされた理由や見学的司法修習の実効性の乏しい点にはほとんど踏み込んでいない。他方減員派には，何と2年間の旧司法修習に復活させよとの主張もある。司法修習が，いかに官僚的で保守的で，冤罪などの諸悪の根源となっており，国民の利益となっていないことに目をつぶっている。これについては，本書第1章を参照されたい。結論として，双方の立場は，法曹人口の数にとらわれ，法曹の役割論を捨象しており一面的であり，この対立の止場は直ちに実現できるし，しなければならない歴史的使命である。

7　実務教育の根本的な発想の転換

　法科大学院成立後，実務教育のあり方について，ある程度検討されてきたがその目的や役割についての根本的視座が定まっていないといえる。

　(1) 実務教育の最も核心は，現在の実務の弊害は何か，将来何を改善すべきかの課題を理解することである。課題認識重視の教育である刑事では，なぜ冤罪が生まれるのか，防ぐ方法はあるのか，ないのか。そのための法曹三者の役割と倫理は何か，全面証拠の開示は必要か，外国ではどうなっているのか。まず課題を理解することである。答えを求める必要はない。日本の裁判を傍聴し，諸外国の裁判のビデオを見て，どこが違うのか，との問いから始めるべきだ。民事では，事案や事実の解明をどのようにするのか，証拠

第2章　法科大学院・法曹人口・司法試験・司法修習をめぐる対立

　　開示とは可能か，文書提出命令はなぜ全面的に認められないのか，必要性なしと文書や証人が却下されている状況，真実を明らかにできない状況を諸外国と比較することから始めるべきだ。
(2)　上記(1)の課題の理解なくして，ただ実務を見たり，書面を書いても全く実務を理解したとはいえない。実務をただ覚えて，暗記し，追随することでは，法曹の役割を果たせない。教育ともいえない。少なくとも，問題点や課題，諸外国との比較での理解をすることが始まりであろう。
(3)　弁護士にとって，実務教育の要点は，日本の保守的運用の中で，いかにほんの少しでも証拠を提出し，または提出させ，忙しい保守的裁判官に少しでも状況を理解させ，分かりやすく説明できるかである。裁判所が多くの事件を抱え，他人事である事案について，正しい判決をするかは分からないが，依頼者が司法への信頼を無くさないよう説明することは至難の業である。これらは，弁護士会の研修でベテラン弁護士がやらざるを得ない。また実際に研修弁護士として実地で体験するほかない。
(4)　司法修習では，初歩的な書類作成を目的としている。1年もかける必要は全くない。上記(1)の課題を理解すること，本当は極めて困難な仕事が待っていることを痛感することが重要である。それ以外のマニュアルさえ参考にすればできる作文は簡単である。法科大学院教育でも十分可能である。要件事実教育は，多くの証拠が提出されていない中での，曖昧な決着をつけるための技術にすぎない。

8 「法科大学院 理論・実務連携を」(読売新聞：論点 2018 年 6 月)

　読売新聞の高橋徹記者は，法曹養成の多くの課題を報道されていたところ，筆者の提案を積極的に評価されて下記の通り紹介いただいた。

　「司法制度改革の目玉として期待されていた法科大学院が苦境にあえいでいる。当初，7〜8 割と想定していた司法試験の合格率が 2 割台に低迷し，法曹（裁判官，検事，弁護士）になるまでに膨大な時間と費用がかかることなどが受験生に敬遠されているためだ。2004 年以降，各地に誕生した 74 校のうち 35 校が廃止や学生募集の停止に追い込まれ，横浜国立大と近畿大も 19 年度から学生募集を停止すると発表した。残った大学院も学生集めに苦労している。今年度の法科大学院の受験者数は 7,258 人で，10 年連続で過去最低を更新した。

　司法試験の合格者がこの 10 年間で急激に増えた結果，弁護士の数は今年に入り，4 万人を超えた。だが，裁判の件数は当初の見込みほど伸びなかった。今年の司法試験の受験者は昨年比 729 人減の 5,238 人で，旧司法試験と一本化された 12 年度以降，最少となり，このままでは職業としての法曹の魅力が低下してしまう恐れがある。

　こうした状況を打開するには，「プロセス」を通じて法曹を養成するという法科大学院が目指した原点に立ち返り，社会的な洞察力を鍛える教育内容に転換することが必要だ。改革の方向性として，参考になるのが医師の養成システムだ。医学教育では，解

剖学, 生理学など基礎医学の理論と, それに連携した臨床医学 (実務) を学ぶ。双方が国家試験に出題され, 教育と試験は一体化されている。法科大学院や司法試験の必須科目ではないものの法曹にとって欠かせない法社会学, 法政策学などの基礎法学と, 臨床法学の連携教育を重視すべきだ。法科大学院の学生が授業に集中できるよう司法試験は, 医師国家試験と同様に授業の理解度を確認する簡素なテストに改めるべきだ。

　文部科学省は大学の法学部で3年, 法科大学院2年の計5年間で修了できる新たな法曹養成制度を来年度にも導入する方針だ。この際, 法科大学院の入学試験の科目を法学を学ぶ基礎となる哲学, 歴史, 基礎科学, 英語などに絞り, 学部2年からの飛び級も認めてはどうか。資力のない優秀な学生にも一定の枠内で門戸を開き, 給費制の奨学金を拡充させることが望ましい。法科大学院の定員を約2,000人, 司法試験合格者は約1,500人に設定して, 法学を学んだ人を対象にした既習と未習コースを一本化して修了年限を3年弱とし, 基礎法学をしっかり学べるカリキュラムに見直すべきだ。法曹養成の中核は法科大学院が担うべきで, こうした体制が整えば, 法科大学院を経ない予備試験も不要になるだろう。

　法科大学院は, 法曹だけではなく, 法的な思考を身につけた人材を行政機関や企業に送り込むとともに, 法学教育を担う研究者を育成する役割も担う。高度な法律知識と幅広い教養を兼ね備えた法曹を養成するため, 政府や法科大学院の関係者は, 不断の改革に取り組まなければならない。」

（聞き手・調査研究本部主任研究員　高橋徹）

9 谷間世代（貸与制世代）の解決案

　筆者は，2018年5月に，法曹と法科大学院を支援する「Law支援の会」を立ち上げた。弁護士会にとっての現在の最大の課題となっている谷間世代の貸与金返還問題に取り組み，以下の文書で全国の弁護士に呼びかけを始めた。

2018年9月

全国の弁護士の皆様へ

日本弁護士連合会及び東京三会御中

下記要請にご協力いただき賛同してくださるようお願い致します
Law支援の会（代表遠藤直哉・副代表佐藤優）

要請文　谷間世代貸与分を国と全弁護士会が各1/2負担(返済)することを要請する。

1　国と弁護士会の責任による解決

　谷間世代は無給・貸与制（1人約300万）の不利益を受け不平等扱いされています。会館特別会費まで負担した65～67期（谷間の谷間世代）が最も不利益を受けています。谷間世代の多くの雇用主が貸与分の立替負担を始めています。そして全国弁護士会の繰越金は概ね120億円となっており，貸与分の会負担か，谷間世代のみの会費値下か，収支相償に従いその他何に使うかに迫られています。よって全会員の問題となっています。そもそも，法科大学院は理論と実務を架橋する全ての教育を行い，弁護士会と共に，実務教育も担う任務を付与され，司法修習は縮小（廃止）される状況でした。二弁法曹養成センター（委員長遠藤直哉）は，2000年の第4次報告書まで一貫して，司法改革審議会に対して，法科大学院制度と有給の研修弁護士制度（研修医と同様のもの）をセットで提案しました（「法科大学院に関する第四次報告書」遠藤著「ロースクール教育論」信山社）。国と弁護士会は，

第2章　法科大学院・法曹人口・司法試験・司法修習をめぐる対立

上記提言を採用しないで，修習生を無給無権限の旧医師インターン以上の劣悪な無給拘束をしたので，連帯して責任をとって各1/2の負担を負うべきで，早急に協議し解決すべきです。半額給付（最低賃金並の雑所得）の中腹世代（71期）も貸与分を負ったり，共済組合に加入できず，非正規扱いされており，国と弁護士会は法曹養成に共に責任を果たすために，上記提言を採用すべきで，半分無給の拘束も早急にやめるべきです。従前の無権限のままの見学的修習では，財政負担をする理由に乏しく，有給勤務しながら責任ある研修をする方が優れてます。

2　弁護士会余剰金——谷間世代の権利

　司法試験合格者の増加した約15年間，会費収入が増加し，特に法科大学院世代（60期〜70期）が大きく貢献しました。谷間世代貸与1人分300万円×8,000人（10年分割払）×1/2の120億円を20年分割払・年6億円の返済とすれば，全国の弁護士会の収支黒字分年8億円と29年度繰越金120億円で充分支払可能です。過去と将来の余剰金は谷間世代の所有として雇用主の立替分も含めて配分されるべきです。上記の返済後，20年後の繰越金は約160億円も残ります。本提案とほぼ同じく日弁連も谷間世代の会費を約1/3（1人月3,500円・合計42万円・15年間総額41億円）減ずる案を公表しているので，単位会会費の減額についても本提案のとおり実施すべきです。

3　有給の権限付弁護修習（2年研修弁護士）の導入

　司法試験合格後，法曹三者希望者に，弁護士事務所でのOJTの有給勤務を義務づけます。判検事の権限付与はできないので，修習開始時に1ヵ月裁判所と検察庁の見学をし，その後11ヵ月弁護士修習とし，弁護士権限を付与し，さらに1年間弁護士事務所で勤務します。弁護士会は上記余剰金を使い進歩的公益的研修を行います。その後判検事に任官します。中腹世代への給付金年25億円の節約となり，弁護士側が50億円を毎年負担し続けるので，国が前記120億を負担する理由となります。何より抜本的案として，円滑に効率的解決を得られ，弁護士会は自らの費用で国民に貢献する法曹を養成し，司法の改善に向けて国民の支持を得られます。

【H29年度の繰越金】全国：合計約 120 億円(1)（過去 15 年 × 単年度黒字 8 億円）日弁連 44・東京三会 36・大阪 20・その他 20
【今後 20 年の繰越金の合計見込】全国：約 160 億円（今後 20 年 × 年 8 億円）
【1/2 負担プラン】返済 6 億円 × 20 年＝120 億円
【20 年後の繰越金】160 億円－120 億円＝40 億円(2)　　20 年後余剰金 (1)120 億円＋(2)40 億円＝160 億円！
【参考：会館繰越金】（日弁連・東京三会合計）約 205 億円の繰越金あり！

上記要請に賛同致します
（送付先）FAX:03-3500-5331　又はlaw.shien@fair-law.jp　Law支援の会（フェアネス法律事務所）

（氏名）＿＿＿＿＿＿＿＿＿＿＿（肩書）＿＿＿＿＿＿＿＿＿＿＿（所属・事務所）＿＿＿＿＿＿＿＿＿＿

10　弁護士自治の一環としての法曹養成

(1)　法曹一元に変わる弁護士自治の成立

　法曹養成は，弁護士自身の手によるものが理想であり，弁護士自治の一貫として捉えなければならない。上記研究書②7頁野村吉太郎は以下の通り弁護士自治成立の歴史を詳細に報告されている。戦後の弁護士法の制定過程で，法曹一元制度を導入するか否かが争点となった。法曹一元であれば，米国のように弁護士に対する懲戒権を裁判所などが担っても，司法の独立が保たれるからである。しかし，弁護士法が成立した過程で法曹一元を採用しないこととなり，その代わりに，弁護士会が懲戒権をもつ弁護士自治が成立した。

　筆者はこの経過から見れば，官僚裁判官とこれを支配する最高裁，官僚検察官とこれを支配する法務省の「司法と行政の強団な連携組織」が発展した中で司法の独立はあり得たのか強い疑問を持つ。つまり，弁護士自治をもってしても，国民のための司法（裁判）を発展させることは，困難であったとみるべきである。その後の公害など長い裁判闘争をみれば，ホワイト弁護士が苦難の道

第2章　法科大学院・法曹人口・司法試験・司法修習をめぐる対立

を辿ったことから明らかである。つまり，弁護士の闘う努力とこれを強力に支援する弁護士会自治なくして裁判の改善はありえない。しかし，弁護士の地位の劇的な上昇に伴い，条解弁護士法にみられるように，日本の弁護士自治が世界的にもまれな優れたもの，司法修習は法曹一元の基礎をなすものというといずれについても誤った評価がされた。弁護士自治という強力な武器により，司法権が健全に機能するという幻想を抱いたといえる。

　再度確認するが，英米では，司法権の独立は，法曹一元制度によって支えられてきた。権力機構の立法権と行政権とは別に，それらと離れた存在の司法権の独立性を保つには，弁護士集団の支配の及ぶ裁判所であることが重要だからである。最終的な懲戒権が，裁判所にあることは問題ではなくなる。同時に弁護士会の自治も尊重されている。これに加えて，ドイツ，フランスでは，法曹一元ではなくキャリア裁判官システムがある点で，日本と同じだが，いずれも長い歴史の中で勝ち取ってきた弁護士自治が日本以上に保障されている。これを参考にしつつ，さらに広い視点から，日本の司法の改革を論じる必要がある。

(2)　弁護士自治の後退

　上記研究書は，弁護士自治の役割，機能及び存在価値を明らかにしようとする意欲的労作である。弁護士の増員に伴う弁護士の多様化（二極化）と対立，横領などの不祥事の多発，懲戒決定の増加などの状況に直面し，統合の理念なくして弁護士自治を有効に維持できるのかという危機意識が溢れている。歴史を追いつつも，常に現在の弁護士会への責任を負おうとする点で目的意識も伝わってくる。しかし，日本の弁護士自治は，制度として世界的

10 弁護士自治の一環としての法曹養成

に類例を見ないほど優れているとの誤った見解（条解「弁護士法」vii頁・8頁）を踏襲し，これをいかに守るかの発想で論じている（上記研究書①iii頁・同②3頁・208頁，なお後記第6章弁護士職務規程改正案解説）。しかし，福原「弁護士法」429の3頁では，日本では類例のない制度というだけで，これに誤りの源があるわけではない。以下では，日本の弁護士自治の制度をまず正確に位置づけた上で，課題の克服を論ずる。

　前述の通り，戦後の状況の中で，法曹一元をとらない以上，残るは独仏を参考とせざるをえず，しかも弁護士だけの参加での懲戒権をもつ独仏よりも権力の介入を許す形での，判検事の参加をさせるものとなった。法律として成立しても，司法と行政の中では相当に弱い存在であった。弁護士自治とは，英国をモデルとすれば，①自らの後進を養成すること②資格付与をすること，③弁護士会が懲戒権をもつこと，を指す。懲戒権については，確かに，弁護士会は組織上の権限を与えられ，行政権から独立した存在となった。

　しかし，懲戒委員会は，当初から裁判官・検察官・学識経験者の3名を委員とする（66条の2）。そして，昭和57年弁護士人抜き裁判特例法案の対応策の法曹三者協議会決定で，各弁護士会の会則改正により弁護士委員数を非弁護士委員数より1名多くすることとなった。日弁連懲戒委員会には非弁護士を7／15まで参入させるとの弁護士自治弱体化に追い込まれた。また綱紀委員会は，当初，すべて弁護士委員だったところ，昭和54年判検事等の参与委員（議決権なし）を認めた。平成15年改正法により，裁判官・検察官・学識経験者の3名を委員とすることとなった。但し，平

成 14 年日弁連臨時総会決議で,弁護士委員を過半数とする条件が付された。元々,独仏のように長い歴史で勝ち取ったものではなく,棚からぼた餅式のものである以上,相当に努力して実質を詰めていかねばならない。いわば憲法の内容を発展させるのに,ただ条文を唱えたり,裁判所を頼っても,人権保障が進まないのと同じものである。

上記研究書① 166 頁金塚彩乃によれば,フランスでは弁護士会の懲戒委員会は弁護士だけで構成され,懲戒権を独占し,公開で対審の懲戒手続期日が開かれる。ドイツでは,軽微な戒告について弁護士会の理事会決定及びこれを含めすべて,三審制である。一審名誉裁判所(判事 3 名すべて弁護士),二審名誉法院(判事 5 名のうち院長含め 3 名弁護士),最終審連邦裁判所弁護士事件部(判事 7 名のうち 3 名弁護士)による厳格な手続による。つまり,日本に比べ,弁護士のみの参加によるといっていよい自治であり,厳格な訴訟と同じ手続の保障がある(第二東京弁護士会編「弁護士自治の研究」1976 年日本評論社)。

(3) 19 世紀までの欧米の司法権の発展

英国では,名誉革命の後,貴族と官僚の支配に対して,ブルジョワジーがこれに対抗し,ついに逆転させ,ブルジョワジーの支配に至る。ブルジョワジーが協働したのが弁護士層であった。ここでは,バリスターとソリスターのいずれも弁護士と呼ぶ。弁護士層は,弁護士会を作り,教育と資格付与を担い,懲戒権をもつという弁護士自治を形成した。そして,弁護士層の中から裁判官,検察官を輩出した。そればかりか,議会に多数送り込み,行政をも担っていった。ここに産業資本のための法曹という理念が成立

し，その一体性が確立していく。弁護士から裁判官に任官する法曹一元に基づく司法権の独立はこの状況の中で成立していく。産業革命と共に科学や技術は進歩していくので，裁判官を含む弁護士層は，その社会変動に併せてコモンローを漸進的に発展させていった。米国でも同様の発展を遂げる。つまり，弁護士自治は法曹自治や法曹一元に発展していったのであった。しかし，その後フランス，ドイツ，ロシア，日本の順に，国家による上からの産業化がなされた。貴族と官僚の支配による国家的産業化が起こり，その大きな壁に弱小のブルジョワジーは食い込めなかった。

フランスでは，弁護士会が弁護士自治をもち，教育，資格付与，懲戒権をもつに至るが，裁判官，検察官，行政，立法をほとんど支配できず，フランス型の官僚国家が形成されていく。弁護士自治は裁判官の養成や給源に至らず，限定されており，司法権の独立や機能は英国に比べて劣位とならざるを得なかった。そして，英国では市民法の形成が，ブルジョワジーの代弁者の法曹により，「身分から契約に」，「恩恵から権利に」，と円滑に形成されたのに対して，フランスでは上からの法化を強行せざるを得ず，ナポレオン民法を始めとする制定法の優位となった。

次にドイツでもフランスと同じ状況をたどり，ナポレオン民法を承継し，パンデクテン民法を制定した。この独仏の状況は，法曹が中心となって徐々に市民法（民主制）を形成するのではなく，官僚による上からの法化であった。ドイツでは，弁護士自治は成立したものの，法曹三者の司法修習は，官僚の管理の下に置かれた。弁護士会が弁護士の教育と養成を完全には掌握できなかった点でフランスより後退していた。市民社会の発展の遅れと共に，

司法権は国家権力に従属せざるをえず、ナチス台頭を阻止しえなかった。戦後、司法の責任が厳しく問われ、その反省の下に弁護士会と裁判官を中心に司法の再生に成功する。

　日本では、ドイツの司法修習を継承し、官僚主導の法曹養成となった。ドイツのような司法自体の改善がなかったため、弁護士層による法曹養成には大きな限界があった。つまり制度としては日本で司法修習を廃止すれば、法曹一元か仏型へ進歩するのである。少なくとも現状では、司法修習制度は任官者採用機関として機能しており、「法曹一元の壁」である。特に条解弁護士法32頁の「統一的修習制度は世界中に類例のないもので、すぐれた法曹教育制度」という見解は、比較法史から決定的に誤りであることは明白である。まずこの認識を改めなければ検討すら進まない。

　ドイツと異なるのは、戦前の司法の責任が戦後にもほとんど課題とされなかったことである。それ故、日本の官僚法曹の保守性は戦前から承継され、法曹養成や裁判所の保守化に至り、弁護士会の司法における力は、ドイツと比較すれば、弱いものであった。司法全体の改善に至るドイツの壮大な姿には、日本ははるか及ばないことを知るべきである（木佐：187,401）。結論として、英米の法曹一元または法曹自治は、制度として裁判官養成や司法の確立に充分機能してきたが、その他の国の弁護士自治は、裁判官養成を含む司法の確立には直接には貢献できず、他の手段の合わせ技を使わない限り困難であった。

(4) 20世紀からの弁護士層の分裂と対立の止揚

　19世紀から20世紀にかけて、労働者階級の拡大、その後の消費者層の拡大により、これらの代理人となる弁護士の増大により、

10 弁護士自治の一環としての法曹養成

企業側の弁護士との分裂が発生する。このプロセスは，世界的にほぼ同時に進行する。英米では弁護士自治，法曹一元制，司法権の独立を含む市民社会の発展により，司法が機能し，紛争の解決や社会的矛盾の調整が進んだ。フランスでは，弁護士層と市民層の力の拡大により，ドイツとの戦争の繰り返しの中でも民主制が発展する。これに対して，ドイツとロシアでは，民主的な市民社会の発展が遅れ，革命とその弾圧，戦争へと至る。日本では，分裂どころか政治犯弾圧と共に，刑事弁護人の拘禁というまさに悲惨な状況が続いた。

戦後においても，世界的に弁護士会内の分裂と対立は続くことになった。しかし，労働者と消費者，企業の対立を反映する弁護士層の分裂と対立を止揚する考え方は，後述の公共経済学の発展，法動態説に基づく法の支配の進展により可能となった。これは，西欧ばかりかアジア，アフリカでも同じである。

再度ドイツを例にとる。法曹一元と司法権の独立を特徴とする英米ではなく，プロイセンの圧政下で，カントは，体制の打破を訴えるのではなく，人間の自律性を核とする近代社会を描いた。これを承継したフィヒテとフンボルトはフンボルト大学（ベルリン大学）の設立により，英米仏を通じて，ボローニャ大学以来の劣化していた大学の中で初めて大学教育の成功に至った（吉見：78）。それ故，ドイツではマックス・ウェーバーなどを含め，基礎法学による法学教育の充実は見られたのであり，戦後ラートブルフの自然法の復活の提唱へと円滑に繋がったといえる。現在の原子力発電廃止にまで至るには，後述の動態的な思想と教育の成果であったとみるべきである。

つまり，法曹一元や法曹自治という制度を絶対視しなくても，英米の司法の発展の成果を取り入れ，法学研究の充実とこれを反映する法学教育により，法の改革または法の支配の発展は可能であることを示している。日本における法科大学院の必要性はまさにここにあるといえる。

(5) 米国の成功（法動態学）と英国の停滞

英米においても，前述のように法曹一元や司法権の独立という制度が，資本主義の矛盾を吸収したが，その内実においては，法学研究と法学教育の充実化なしにはなしえなかった。つまり，労働者と消費者の拡大，企業との対立，これを反映する弁護士層の分裂と対立は，上記制度の中の分裂であったが，柔軟に制度自体が改善されたというべきである。そのトップランナーの米国では陪審を基盤とする訴訟の爆発と言われる司法的救済が成功し，社会矛盾を吸入し，そこでの法曹全体の役割が重視され，一体性が保持された。ノネとセルズニックの応答的司法の発展においては全法曹の漸進的改革への役割が明確となった（ノネ1981）。

米国のロースクールでは，科学や技術の進歩を前提に法の変動の研究がされ，遅れることなく次々と教育がされた。社会変動に合わせて法の変動をさせるための法社会学的分析を下に，解釈論や法政策を誕生させていった。すなわち，労働者や消費者側弁護士は，法の進歩に貢献し，企業側弁護士も社会変動に合わせて行動するという意味では同じ教育を受けた仲間といえた。分かりやすくいえば，同じ船に乗っている多くの人々を，船頭らは船を沈めずに運行することの徹底した教育を受けた。

その背景に，公共経済学の「市場の失敗の理論」，「政府の失敗

10 弁護士自治の一環としての法曹養成

の理論」に基づく研究があった。市場経済を前提としつつも，政府や企業の活動への規制，労働者や消費者の保護という政策をとることにより，根本的対立の緩和の理論が発展した。このような研究や教育があったからこそ，米国における法曹の支配が，社会の安定的発展に寄与するとの確信の下に，UPL規制（非弁活動の禁止，隣接士業の禁止）を通じて継続してきたといえる。

これに対し，英国では米国モデルを参考に改善されつつあったところ，21世紀に入り，ネオリベラリズムの競争原理が弁護士層に適用された。弁護士に公益性があるにもかかわらず，公共財としての位置づけがされなかった。経済的規制は緩和するとしても，弁護士の公益的規制は社会的規制の強化として必要であることを認識していないからである。自由放任主義の弊害は大きく，弁護士の公益性を無視するABS（Alternative Business Structure）は，弁護士のサービスより劣るか，リスクのあることも明らかである。つまり米国のようなロースクールにみられる幅広い研究や教育を下に改革すれば，このような結果にならなかったといえる。例えば，公共経済学やこれを基盤とするロールズの格差緩和（福祉国家）(1971)，サンデルの共同体主義（2010)，ドゥオーキンの法の漸進的解釈論（1996）などの重厚な理論武装をもって，弁護士層が消費者自身を守るという対応をできなかったためといわざるをえない。

筆者の立場は，法曹の役割は，動態的法形成を担うこと，社会変動に合わせて法を連動させることである。法曹が司法，立法，企業，隣接分野で業務をする全てに共通することである。弁護士と官僚の対立もなく，企業と市民の対立もない理念である。対立

のあるのは「真実を前提にしつつ少しずつ前に進むこと」と「真実を隠してでも前に進まない，または後退すること」である。弁護士自治とは，社会の下から吹き上げてくる人々の叫びを，早期に取りあげている弁護士の役割を守ること，社会変動の全ての情報を弁護士の広い裁量で司法や行政に突きつけていく権限を保障することである。弁護士自治とは「法の変動の担い手たる弁護士の独立を支える強制加入組織」である。

第3章

アジアの法の支配の拡充のための日本の法科大学院制度の再構築

―― 法曹分野の拡大化と法曹人口の適正化 ――

> **要旨**
>
> 日本では1990年代から，政官財の癒着構造は「人の支配」であり，国民の権利の拡充のための「法の支配」に反するとして，政治改革，行政改革，司法改革に取り組んだが，いずれも成果は不充分であった。その経過の中で，2001年司法改革審議会意見書（以下「意見書」という）は，米国型の法科大学院設立による質の高い法曹の大巾増員を提言した。欧米並の弁護士数とすると共に，立法，行政，企業，生活全てにわたる法の支配の拡充を目指すものであった。しかし，現在では，提言通り進まず失敗ではないかとの評価と，少なくとも旧制度より良いとの評価に大きく二分されているが，それ以上の積極的提言がされていない。日本における質の高い法曹の増員と役割の増大という目的はアジア諸国にも共通の課題である。アジア諸国では「法曹の支配」は「法の支配」

の要といえるので，法曹増員ばかりか，法曹の高い質と役割とは何かを明らかにしなければならない。本稿では，意見書の趣旨を出来る限り生かし，法曹とは，司法，立法，行政，企業，団体などで広く活動するもので，問題解決機能だけでなく，法政策機能をも担うものであり，これを養成する法科大学院は，実定法学だけでなく，法社会学，法哲学，政策法学，比較法などの基礎法学を教授するべきこと，つまり，社会変動を支えるための法形成の原理，原則，方法を教授するべきことを提言する。医学教育の基礎医学と臨床医学に倣えば，法曹教育には基礎法学と臨床法学（実定法学）の連携が必要となる。日本では，2018年に弁護士数が4万人を超え，一定の成果があったので，今後は質を高めるために，法科大学院は，約15校につき総定員2,000人とし，司法試験合格者を約1,500人とし，司法試験は基礎法学を含めて法科大学院の授業に完全に連動する確認的テストに限るものとし，約8割の合格率とする。法科大学院を2年9ヶ月コースに統合し，司法試験を3月までに終了させ，4月から多方面に就職できるようにする。他方で日本では，弁護士の他に，約20万人の隣接士業が活動するが，「法の支配の拡充」に向けて，長期的にはこれを減少させ，弁護士と交替させる必要がある。アジア諸国では，日本の隣接士業制度を模倣することを絶対に回避すべきである。

1　質の高い多くの法曹の養成のため法科大学院制度

■**出遅れた法制度**

　アジア諸国が西欧の「法の支配」を導入するには、高い資質をもつ多くの法曹を養成する必要がある。日本の弁護士は基本的人権の擁護と社会正義の実現を使命とし、社会秩序の維持と法律制度の改善への努力義務を負う（日本の弁護士法第1条）。裁判官や検察官、立法官や行政官はこれらを支えるために公正を求めなければならない。

　アジアで言論の自由を広げるために、マフィアの暴力を刑事制裁で封じ込め、権力の拷問などの暴力も厳禁すべきである。日本では、未だ暴力団の全面禁止に至らず、警察の精神的拷問による冤罪も発生している。

　次に、表現の自由には、情報の公開が必須である。日本では、「刑事民事のディカバリー」及び「行政の情報公開」の法制度の導入が遅れている。裁判官、弁護士、行政官は法の遅れを運用で改善する必要がある。

■**法実現への役割**

　アジアでは進歩的法を導入しても、すぐに実現できないことが多い。たとえば、日本国憲法第9条は、世界で最も進歩的な戦力放棄を謳ったが、自衛隊が存続してきた。平和主義という憲法の目標に向けて、自衛隊の文民統制を強めたり、平和維持隊への転換をさせるのも法曹の役割である。そして、アジア諸国は、日本

と同様に，経済的規制を緩和し，安全規制を強化し，人権を擁護する目標を追っている。ハードローの保守的側面と進歩的側面の法的拘束力を，社会の進展に合わせ，ソフトローにより漸進的に改変する必要がある。ソフトローは，行政，裁判，団体により運用されるものである。これを担うのは法曹であり，その増員により，法の改革を進め，法の支配を拡充する必要がある。

■法実現への荊(いばら)の道

日本では戦後，司法権の独立についての期待が高まり，多くの法令や判決が基本的人権を保障する憲法に違反して無効であるとの提訴がされたが，最高裁判所が憲法違反で無効としたものは，約10件に過ぎず，立法権と行政権の優位が続いてきた。米国型の司法制度である，法曹一元，陪審，ディスカバリー，クラスアクション，懲罰賠償の導入などが主張されたが，何も実現しなかった。

そこで，日本では，2001年司法改革審議会が司法改革の提言をした。司法改革審議会は重罪についてのみの裁判員裁判の実現をしたものの，ほとんど唯一の成果は，質の高い法曹の増員を目指すための法科大学院制度の実現であった。

しかし，法科大学院制度は予定通り進まなかった。弁護士の約3割は，法曹増員，法科大学院に反対し，日本弁護士連合会も，増員には消極的となった。現実の裁判において刑事冤罪，行政冤罪，民事冤罪と批判される状態が続き，正当業務をした弁護士を逮捕し有罪としたり，弁護士会の不当な懲戒決定も明らかにされている（遠藤2017）。司法改革，法の支配の拡充は停止したまま

であり，アジアでの法の支配の拡充の困難性を示している。

法曹養成の旧制度では，法学部4年，受験予備校，司法試験，司法修習（2回目試験）（2年→2014年1年に短縮）で，法曹資格取得まで約10年を要し，司法試験合格率は約2％と低かった。新制度でも，学部4年，法科大学院2～3年，新司法試験（6ヶ月），司法修習（2回目試験）（1年）で，依然として長く，合格率も約25％と低いので，リスクは高い。

■新制度の実態

新制度では意見書に従い，2002年閣議決定「2010年頃に司法試験合格者年3,000人にする計画」が出されたが，実現しなかった。

法科大学院数は2004年68校，2005年74校から2018年募集校39校へ減少した。法科大学院志願者は（2004年）約7万人，（2006年）約4万人から，（2017年）約8千人へと減った。他学部卒の法科大学院3年コースを標準とし，法学部卒の法科大学院2年コースを認めたが，後者が標準となった。毎年約3万人の卒業生を出す約90の法学部が継続したからである。司法試験受験に法科大学院卒業を条件としたが，2012年には合格者2102人となったが，2017年には合格者1543人（合格率25.86％）へ減少した。予備試験合格を経ると法科大学院卒業を条件とせずに司法試験を受験をでき，2012年第1回合格者の内の司法試験合格者58人から2017年合格者290人（72.5％）に増加した。新司法試験受験者は2012年8387人から2017年5967人へと減少した。

第3章　アジアの法の支配の拡充のための日本の法科大学院制度の再構築

		（2006年）	（2012年）	（2017年）
法科大学院	志願者数	40,341人		8,159人
	入学者数	5,784人		1,704人
	他学部　卒／入学者	1,634人		249人
	（ほとんど3年コース）			
旧司法試験	受験者	30,240人		
	合格者	549人		
新司法試験	受験者	2,091人	8,387人	5,967人
	合格者	1,009人	2,102人	1,543人
	予備試験経由合格者		58人（第1回）	290人

　意見書は，「2018年頃までに実働法曹人口を約5万人とする」とし，その間当面の法的需要を満たすため，隣接士業の活用を認めた。その結果，訴訟手続と行政手続に1部の代理権を認め，以下のとおり人数も約3割増加した。

　弁護士数は，（2000年）1.7万人，（2006年）約2.2万人，（2017年）約3.9万人，隣接士業数は，（2000年）14.5万人，（2006年）約16.3万人，（2017年）約19.6万人と増加した。

		（2000年）	（2006年）	（2017年）
税理士		6.4万人	6.9万人	7.7万人
司法書士		1.7万人	1.8万人	2.2万人
弁理士		0.4万人	0.7万人	1.1万人
社会保険労務士		2.5万人	3.0万人	4.0万人
行政書士		3.5万人	3.9万人	4.6万人
隣接士業	小計	14.5万人	16.3万人	19.6万人
弁護士		1.7万人	2.2万人	3.9万人
	総合計	16.2万人	18.5万人	23.5万人

2　広義の法曹の養成

■法科大学院制度の再構築

現在の法科大学院制度を再構築しようと検討が始められている。その関係者が改善すべき点としてあげているのは，

①法曹資格取得までの期間の短縮と費用負担の軽減

②司法試験合格率の上昇

③2年と3年のコースの統合

④予備試験の廃止などである。

本稿では，これらの改善をも含めて，2001年司法改革案議会意見書の提言の趣旨を実現できる案を提示する。意見書は，日本における法の支配の拡充のために，法科大学院制度を新設し，法曹の質を向上させると共に，新司法試験合格者数の目標を年間3,000人程度とした。これが，法曹三者（裁判官・検察官・弁護士）のみを指すのではないことは，意見書が，法曹を「社会の様々な分野において厚い層をなして活躍する」者と表現していることから導かれる。つまり，主として法廷実務に従事してきた従来の狭義の法曹を指すわけではなく，行政や企業へも進出する広義の法曹も含める趣旨である。

意見書のいう「法の精神，法の支配がこの国の血となり肉となる，すなわち，「この国」がよって立つべき，自由と公正を核とする法（秩序）が，あまねく国家，社会に浸透し，国民の日常生活において息づくようになるために」活動する法曹とは，司法の場を越えて立法，行政，企業の構成員や研究者も含めるもので，この広義の法曹に新しい役割が求められたのである。

特に，行政国家たる日本において，司法改革や法の支配の拡充は，立法や行政による様々な新しい制度や政策の導入なくしてなしえない。法科大学院制度の設立の目的は，司法だけの改革ではなく，法の改革，トータル・ジャスティスへの展望を意味していた（ケイガン 2007）。また，その法曹を生み出し，常に連係する法律研究者も質と量において，充実していかなければならない。

■適正な法曹人口

さらに意見書は，国際比較をした上で，日本の法曹人口の大幅な増加を提言し，諸外国には見られない多数の隣接士業の扱いについては課題として残した。しかし，隣接士業は行政庁に監督権（懲戒権）を持たれているため，国民側よりも行政側に偏りつつ，行政手続を強制する補佐的役割を担ってきた状況があり，この改革を求めたと読み取れる。なぜなら，意見書は様々な改革の根底には「国民の一人ひとりが，統治客体意識から脱却し，自律的でかつ社会的責任を負った統治主体として，互いに協力しながら自由で公正な社会の構築に参画し，この国に豊かな創造性とエネルギーを取り戻そうとする志がある」と言っているからである。

国民が強大な行政に対して，対等な立場で申請し，協議し，訴訟をするために，欧米のように弁護士が申請のときから国民側の代理人となり，適正手続の下，当事者の権利を実現する途を想定し，弁護士の増員と隣接士業の長期的減少をセットとする構想を出したと言える。

弁護士は高度の教育を受ける上に，行政権力と対峙しても，弁護士自治により守られているので，弁護士の参加により，国民の

権利実現手続または行政手続の適正化や簡素化への改革が可能となる。それ故，弁護士会は，新しい弁護士が，行政手続分野へ進出することを，全面的に支援しなければならない。

結論として，法曹の内，概ね7割が，司法と裁判外業務（隣接士業分野を含む）で，約2割が立法・行政・企業・研究・国際分野で活動し，横断的な交流や移行を予定する。法科大学院制度成立後10年を経て，司法試験合格者約1,500人に定着してきたので，法科大学院の総定数を約2,000人として，質を高め，活動分野を拡大した上で，常に法曹人口の適正化を検証していかなければならない。

3　新しい法曹の理念

■社会生活上の医師

意見書は法曹を「社会生活上の医師」とし，紛争や犯罪の防止をも役割とした。つまり，法曹は，社会の中の病気を見つけ，対症療法として手当をするばかりか，根本的原因を探り根治療法を見つけ，紛争や犯罪自体を減少または根絶させる者と位置づけられた。しかし，法科大学院の制度の運用こそ意見書の提言から後退してしまい，重い病気とみられているのではないだろうか。

まず社会の医師としてこの病気を治さねばならない。法曹志願者からは，裏切りとまで言われ，希望者が激減している以上，進歩的かつ積極的な展望を示す必要がある。つまり，古い教育や試験に後退することなく，意見書のいう「法曹の質の向上」や「新しい法曹の形成」へ向けてチャレンジしなければならない。

結論から言えば，従前の法曹は，既存の法令の遵守という「静態的法運用の担い手」であったが，新しい法曹の理念は「動態的法形成の担い手」である。すなわち，動態的法形成とは，社会の動きに合わせて行政や団体が規則やガイドラインを作ったり，立法府が新しい法律や条例を作ったり，裁判所が弁護士と協働して果敢に判例を新しくしていくことである。社会の病気を治すために，このような社会変動と歩む積極的，前向きな法曹の理念が必要である。

■法形成へのプロセス

日本では西欧法を導入してきた歴史の中で，採用された進歩的法が，後進的社会の生ける法を円滑に変えることができなかった。また，西欧法は次々と進化している間に，日本はその導入に遅れた。

特に，民主主義や法の支配の要といえる，行政の情報公開，裁判の証拠開示，企業のディスクロージャーは，制度の導入自体が遅れてきた。それ故ハードローの進歩的側面の実現に向けた生ける法を変えていくソフトローの運用が必須となり，他方でハードローの保守的側面を乗り越えたり，あるいはハードローの欠缺を補充するための進歩的なソフトローの運用が，必要となる（遠藤2012，同2014 a,b,c）。必要に応じて，ハードローの改正に至るのである。

法と社会の乖離を徐々に漸進的に埋めていくことが動態的法形成である。この漸進的な法運用とは，革命や大改革ではなく，支配的な法解釈の束縛（形式的合法性の拘束）を徐々に解いていく

プロセス（実質的合法性への移行）を指す（タマナハ 2011）。具体的には，静態的法運用とは，隣接士業分野の通達行政の追従，硬直的法令遵守，判例や先例の形式的重視などを指す。これでは，社会の変動が絶えず進行する中では，対応しきれない。

20世紀後半以降，世界各国は経済的規制を緩和し，安全規制を強化する規制改革に努めてきた。経済的規制の緩和に伴う，事後規制型の紛争処理に米国型の司法をより多く導入する必要がある。

他方，安全規制の強化，紛争の予防，犯罪の防止などには，ヨーロッパ型の事前規制（事前予防）としてのハードローの作成，ソフトローの運用が重要となる。適正な経済的循環の下での生活の安定，様々な紛争や犯罪の犠牲者の減少に向けて，事前規制と事後処理のサイクルの回るシステムの絶えざる構築こそは，動態的法形成である。上記の動態的法形成とは，立法，行政，司法，研究分野の法曹の連携がなければ，不可能であり，まさに法科大学院がチャレンジするにふさわしい目標といえる。

4 個別解決機能と政策形成機能

■市場の失敗と政府の介入

資本主義の発展は，失業などで大衆の社会生活に大きな被害を与えた。これを救済するため，1960年代まで欧州では，社会民主主義思想に基づき福祉国家を形成した。米国でも，規模は小さいものの，ニューディール政策以降，国が市場経済に介入する混合経済に入った。いずれも，資本主義経済の欠陥を是正するもの

である。近代経済学はこの歴史の経験について，理論化して「市場の失敗」を認めるようになり，「政府の介入」の必要性を合理的に説明できるに至った。

市場の失敗とは，①不完全競争，②公共財，③外部性，④不備市場，⑤不完全情報，⑥失業及び他のマクロ経済的攪乱である（スティグリッツ 2003）。公害，消費者被害，労災などあらゆる社会問題である。欧米では公共経済学として発展した理論に基づき多様な規制立法を作りつつ，同時に膨大な訴訟により個別解決をしていった。

■被害や紛争の多発

しかし，欧米では，上記「政府の介入」は予定した目的を達成できず，1970年代から「政府の失敗」と分析され，公共経済学は政府の役割の適正化，効率化を目指した。サッチャー及びレーガンの規制緩和や民営化が実施された。経済の自由化に伴い，個人には大きな犠牲が強いられた。

市場の失敗，政府の失敗，規制緩和の失敗により，次々と多くの被害や紛争が発生し，米国では，弁護士が成功報酬で多くの原告を代理し，行政庁も原告となり，訴訟の爆発と称された。総体として弁護士費用をはるかに上回る請求額が認められ，法の改革は，莫大な法律扶助と共に一定の成果を上げた。米国の成果は，欧州では，立法として実現した。

以上が，欧米で訴訟が増加し個別解決が計られ，法曹増員を必要とし，かつ，立法的解決が求められ，法曹が立法や行政にも進出した理由である。

日本では、後進国型として国家経済体制の中で徐々に市場経済が発展したので、競争抑制的な行政規制が一貫して続いてきた。国営化の失敗、市場の失敗、政府の失敗、規制緩和の失敗及びこれに伴う被害と紛争の発生が同時に複合的に進行したため、理論的に整理し解決策を出すことが極めて困難となった。立法や行政は、欧米の理論を円滑に導入できず、司法は、複合的汚染の中で、明確な理由のないまま結論だけを出さざるをえない状況に追い込まれた。

■立法や行政への法曹の進出

しかし、今後は法科大学院で高度な理論教育を受けた法曹は、司法、行政、立法、企業の中で共通の理解をもって任務を果たすことができる。すなわち、裁判官や弁護士は欧米並に、被害救済や人権救済をなしうる理論をもって実践することとなる。

また行政、企業や団体における法曹も、法動態の進展に寄与すべきものであり、歴史の流れに逆行する既得権益擁護の業務を、法曹の理念に反するものとして、抑制することとなる。組織内部の非法曹の職員よりは、独立性と流動性の高い法曹にこそ期待できる役割である。日本では政治改革、行政改革、司法改革と続いたが、法科大学院の設立趣旨は、これらを統合する「法の改革」へ向けた壮大な構想である。弁護士会と法科大学院関係者は、この理念に向けて進むときに至ったといえる。

法曹が立法や行政に進出すれば、今後、立法により、米国型の司法制度導入も可能となる。証拠開示の拡大や、クラスアクションなどによる弁護士制度の発展も期待できる。他方で、ドイツ型

の司法の発展は，日本の研究者のドイツ憲法判例研究などの豊かな成果をみれば，極めて大きな目標とできる（『ドイツの憲法判例ⅠⅡⅢ』信山社）。ドイツは日本が導入した行政国家であるが，原発廃止にまで至った民主主義の成熟があり，法科大学院で大いに学ぶべきである。日本の法科大学院での研究や教育は，日本の保守的な法や判例を，世界の法の動向と比較して，どのように漸進的に変えるかを中心とすべきなのである（松尾 2012）。

5　法曹の公益性（弁護士法 72 条）

■国民全体の奉仕者

　法曹とは，国民の利益のために裁判を含む法制度の維持発展という公益につくすものである。特に裁判官と検察官は完全な公共財であり，国民全体の奉仕者である。にも関わらず，その役割を果せているとはいえない。刑事冤罪で多くの被害者を生み出し，行政冤罪を起す司法の腐敗が批判されている（阿部 2017）。民事では被害者救済が充分でなく，文書提出命令など証拠開示は不充分で，これに乗ずる当事者や弁護士による証拠の隠滅や偽造も防止できない状況が続き，民事冤罪から弁護士への不当な懲戒処分までの病が広がっている（遠藤 2017）。国民のための司法への転換はできたのか，裁判官と検察官は自己保身をせず公益につくしているのか，まさに法科大学院教育に託された使命である。

■消費者の保護

　弁護士と隣接士業も法制度の維持発展に貢献する義務を負うと

の公益性を帯有している。特に，弁護士法72条は，刑罰をもって弁護士の法律事務独占を認めているが，このことはその代わりに，弁護士が公益性と規律を要求されることになることを示している。

法と経済学の立場からは，このような資格制度は消費者保護のために，情報の非対称性（不完全情報）を解消するために必要とされるとの見解が出されている。消費者が行政や企業の操作する情報や法令を知らされないままに，行動し，不利益を受けるのを是正するものである。

この消費者保護に有効なはずの6つの法律関連士業の厳格な資格制限は，競争を阻害し国民の利益にならないとされ，資格制限の緩和が求められた。その経過の中で，6つの資格の乱立，隣接士業への規制官庁毎の監督の弊害，独立した弁護士自治の有効性が明らかになり，法科大学院教育を通じての弁護士への統一を求める意見が有力となっている（福井2016）。

■弁護士の法律事務独占

高度の教育を受け，最も質が高く，団体自治により規律される弁護士へ統一されることは，国民の利益という公益性の観点から支持されるといえる。これを前提としても，さらに弁護士は国民の利益のために，業務をどこまで，どのように独占できるのか，課題となる。

弁護士の法律事務独占を定める弁護士法72条は，消費者保護の観点，国民の立場から，再構成されるべきである。72条は「事件性（紛争性）のある法律事務」を弁護士に独占させている。弁

護士は依頼者（国民）の権利を守り，社会正義に適う法的手段を提供する。そのために必要な法的判断業務を広く独占する。他方で法的判断を伴わない事実的行為については，国民自身や補佐する非弁護士に委ねてよい。新しい概念として，事件性を事実的事件性と法的事件性に分けて提示する。

(1) 少額・定型・大量案件

第1に，国民自身が，自ら紛争に対処し，状況に応じて警備会社など（非弁護士）に依頼することがある。家賃などの集金，万引き・不正駐車の取締などである。これらは，弁護士の一般的指導もありうる中での，少額・定型・大量の案件である。特に違法取締については緊急性のある正当防衛の一環としての少額定型的処理案件である。現在不正駐車取締で弁護士法違反として日本で初めて起訴された不当な事件が進行している。法律的判断を要するものではなく，法律事務に当らず事実行為にすぎず，また事件性も，事実的事件性に止まっている。弁護士が現場に急行して交渉できるわけでもなく，緊急な取締についての事実行為に対して，72条違反の刑罰を適用することは，自律的法秩序を乱す過剰な刑罰の乱用である。国民が国民自身で法的判断を要せず警備会社など（非弁護士）と共に解決できる分野に，弁護士が有料で介入することは，弁護士の利益のために国民の利益を損うもので公益に反する。

(2) 72条と隣接士業

第2に，非弁護士による交通事故の示談交渉，借家の明渡交渉

5　法曹の公益性（弁護士法72条）

などは，高額非定型案件で，法的判断を要する法的事件性を帯びているので，判例でも72条違反とされてきた。債権取立は同じ類型であるが，例外的に一定の組織についてのみ弁護士の参加を条件にサービサー法で許容された。隣接士業の扱う法律相談や書類作成などは常に法的判断を伴うものであり，広く法的事件性があるといえる。

つまり，形式的に法令や通達をあてはめるだけでなく，実質的な合法性を追求する法的事件性を帯びる業務で，国民の利益のためには，弁護士が統一して委託を受けるべしとするのが72条の趣旨である。行政手続の申立についても，常に，行政庁との協議，交渉があり，さらに不服申立や訴訟に至るので，初めから，法的事件性があるといえる。だからこそ，旧72条では，隣接士業を例外として認めず公式には法令で認められていなかったので，平成15年，72条に隣接士業の特別法を認めるに至った。

しかし，法的事件性のある業務，特に行政官庁相手には，弁護士の代理業務が国民の利益にかなう。よって，この改正は法曹人口の増員と隣接士業の減員をセットとする臨時立法とみるべきものである。また，コンサルティング業務として，様々な交渉案件，投資案件，再生・M＆A案件について，双方代理的調整も含めて多額な報酬が授受されている。明らかに法的事件性を帯びた案件であり，サービサー法と同様に，弁護士が関与する要件を付加すべきである。

以上の法的判断基準説というべき考え方は，米国の非弁活動禁止のUPL規則（Unauthorized Practice of Law）と同じもので，隣接士業も含めて広く非弁活動を禁止する弁護士一元主義である。

このアメリカンモデルは欧州や中国にも広く及んでいるので，日本も30年かけてでも国際標準に合わせる時期といえる（ABA 1995）。法曹や隣接士業の数は，予防システムの合理化による紛争の減少により削減できるし，様々な手続の簡素化により，本人自ら行う書類作成の範囲を広げることにより，縮小できる。新法曹の制度設計能力の向上により，意見書のいう司法試験合格者年間3,000人に固執する必要もない。

6 基礎法学と実定法学を架橋する教育

■多様な法曹の養成

意見書は法科大学院の新しい高度な教育に，「法曹が社会的責任（公益性）を果たし，高い倫理感をもつべきで，そのために，深い学問的教養を涵養し，豊かな人間性，強い正義感を育てること」を求めた。これは，旧来の教育や試験による実定法の教育だけでは全く不充分であり，正義の法を創るための基礎的な学問の重視を打ち出したものと言わねばならない。また，グローバル化の時代にあって国際的視野をもつべしとしつつ，外国語の向上，外国法の継続教育をも求めた。しかし，上記提言は，新司法試験に反映されていないため，全く実現できない事態となっている。

これに関連して，意見書は多様な法曹を必要とするとし，そのために法学部以外の他学部の卒業生のための未修者3年コースを標準型とし，例外として法学既修者2年コースを設置した。しかし，原則と例外が逆転してしまったので，改めてその趣旨は「法曹の全体と個人の多様化」を意味し，激しい社会変動の中で，多

6　基礎法学と実定法学を架橋する教育

様な要因をくみ取り，これを組み合わせて法を構築する動態的法形成に必須のものであり，法科大学院教育の要であったことを確認するべきである。よって，2年と3年のコースを統合して，カナダを参考に，2年半として，10月卒業，司法試験1月実施3月発表とし，4月に多分野へ就職するようにすべきである。

■連結部分の教育の充実

　上記の高度の教育においては，まず法形成の基礎的な構造部分であり，法の下部構造とされる科学や経済などの基礎学問を学び，実定法の運用と形成はその上部構造と位置づける必要がある。よって学部において，下部構造たる科学，経済，哲学，歴史，人類学などを学び，これから上部構造へつなげるために，法科大学院では，法社会学，犯罪社会学，法哲学（法思想），法と経済学，法政策学（公共政策），比較法（法の歴史），英米法の基礎法学7科目をもって，連結部分を構築する必要がある。この連結部分につながれた上部構造たる基本実定法（6法）が理解されることになる。この基本実定法には，前記5の理由で行政法が加えられる。基礎法学と基本実定法学は同時併行で教育されることが望ましい。

　医学では，解剖学，生理学，薬理学，分子細胞生物学などが基礎医学の核をなしている。これと密接にリンクして臨床科目（内科外科，産婦人科，小児科，精神科）が展開される。これらの全ての科目は授業や医師国家試験の必須科目とされている。そして，基礎医学の重要性は，時代と共に益々高まってきている。同じように実定法学を基礎法学で支え，相互交流させる構想が必要となる。

　米国のロースクールでも，基礎法学の理論は，ケースメソッド

の中でも生かされ，3年目には基礎法学をとりこんだ科目融合的な高度な授業が行われ，また教授が基礎法学と実定法学の双方を教えている例も多い。そこで，弁護士試験にもより多く基礎法学を融合させることが課題となるであろう。

　日本でも，最近約30年間で基礎法学や政策法学の学会は非常に発展し，多くの論文や出版物も出されている。学部や大学院の授業やセミナーも豊富であり，これをそのまま法科大学院と司法試験に持ち込むだけで，この構想を実現できる。法に対するすべての学問の成果を法曹教育や試験に持ち込むことは，まさに歴史の発展を受け入れるだけのことである。

■動態的再構成

　また，基本法から流れ出る多くの特別法の特質をとらえる必要がある。特に，隣接士業分野の特別法に関する行政手続の合理化や簡素化，行政訴訟の充実化に向けた研究や教育は，政策法学との融合の中で行われるもので，従前の狭い特別法の枠を大きく越えるものとなり，極めて魅力的な広大な展望が期待できる。また，比較法的視点を取り入れ，基礎法学から実定法学まで英文の教材も使用することとなる。以上によれば，意見書の言う「法理論と実務を架橋する教育」とは，一歩進めれば，「基礎学問（理論）と実定法学（実務）を基礎法学により架橋する教育」または「基礎法学（理論）と実定法学（実務）を架橋する教育」と捉えることができる。すなわち，意見書の言わんとするものは，実定法学の通説的見解（実務）を静態的にとらえるのではなく，実定法学の進歩的理論や基礎法学の現代的視点をもって，動態的に再構成

することである。

■法曹コースの新構想

　学部の2年または3年の早期卒業を認め，これに伴う法科大学院入学を認める。司法試験は1月実施と3月発表の日程で，法科大学院教育の最低限度の確認的試験に止める。法科大学院の教育をあくまで優先させ，この内からのみ連携させて司法試験に出題させる。

　司法試験では，英文資料も含めて，上記の基礎法学7科目と基本7法を，ほぼ1：2の必修とし，融合的問題も可能として，特別法1科目の基礎的特質について選択必修とする。司法試験は，基本的事項に限るので，医師国家試験と同様に，8割の合格率とする。予備試験については，法曹養成が法科大学院教育に集中されるべき趣旨に反するし，統一的連携的教育が断ち切られる弊害があるので廃止する。

　司法試験に合格した者は，直ちに行政，立法，研究，隣接士業分野などの各分野にて業務を行えるようにする。各分野の3年の職務経験と2年間の研修弁護士制度の実務を経て，弁護士資格認定をうける。弁護士としての単独での開業資格を得られるものとする。

　司法修習制度は，無権限の実習の中で有給から無給（貸与性），また有給へと蛇行したもので，世界に稀な特殊日本的制度である。今後は弁護修習を拡大強化し，弁護士補助権限を付与し，給与を支給する。司法修習を経る場合でも，研修弁護士1年の実務を経て独立開業の資格を得るものとする。

以上により，コストと期間を削減できる。将来的には，現在のキャリア裁判官制度を少し変えて，司法修習に代えて研修弁護士2年を導入し，弁護士事務所勤務3年～5年後に裁判官に任官する日本型法曹一元が実現する。

7　結論（アジアモデル）

本稿の提案は，今後のアジア諸国にとって，極めて重要な進歩的法科大学院モデルとなる。なぜなら，アジア諸国が西欧の法を導入するときには，その法令の条文を理解する事だけでなく，社会変動に適合する法の改革を常に求め続ける必要がある。これを実践できる積極的な法曹を養成するのがこのモデルである。このモデルがアジア諸国に早急に普及しつつ，日本の法科大学院の改革もできれば，アジアに法の支配が拡充することを大いに期待できる。なお，韓国では，2000年の第2東京弁護士会のロースクール構想を採用し，2009年にロースクール3年と司法研修所廃止となったが，実定法のみの司法試験は継続しており，今後改善されるべき課題といえる。

第4章

法動態学による教育と改革

―― 法の支配と法曹の役割 ――

> **要旨**
>
> 　日本では，行政の機能を補完する業種として，弁護士の隣接といわれる税理士，弁理士，司法書士，社会保険労務士，行政書士（以下「隣接士業」という）が拡充されてきた。しかし，20世紀末から行政の規制改革と市場経済化と共に，司法の役割の強化が求められ，法曹増員が叫ばれ，法科大学院制度が成立したが，その漸進的改革のためには，上記隣接士業の弁護士への統合が必要となる。なぜかとの問いは一般的には難しいものであり，その回答は最も重要である。本章では，法の支配とは，形式的合法性（法の固定的運用）と実質的合法性（法の創造的運用）の統合を必要とするが，隣接士業の役割は，前者の維持にのみに限定されてきたからであると明確にするものである。司法改革審議会は，法務博士からの約3,000人合格を予定したので，上記の統合された法の支配の発展を可能にするには，隣接士業との統合を示す必

要があったが，これに触れなかったので，残された重要な課題として検討されねばならなかった。

しかし，状況は激変し，2015年6月に法曹養成制度改革推進会議から司法試験合格者を最低でも約1,500人にするとの方針が出された。当初の約3,000人合格を維持するならば，その内上位約1,500人を法曹とし，下位合格者約1,500人に限定された訴訟代理権を付与された隣接士業の新資格を与える法改正により，改革審の目的を達成できる案もありえた。しかし，現在では，前章まで主張してきたとおり，1,500人合格者の内，800人〜1,000人を法曹に，500人〜700人を行政や隣接分野に予定する状況である。従前の隣接士業は徐々に縮小され，弁護士との統合は20年〜30年をかけて実現できれば妥当といえる。

I 司法制度改革審議会意見書から残された課題

司法制度改革審議会（以下「改革審」という）の提案した法科大学院制度の開始後10年を経て，法曹養成制度は旧制度と比較すれば肯定的評価をされる面があるものの，2001年の改革審の意見書（以下「意見書」という）の予定した法曹三者の増員に対しては再検討が始まった。そして，最も問題であるのは，同意見書が司法改革の目的として「法の支配の拡充」を高らかにうたい，法科大学院設立をその重大な第一歩と位置づけたにもかかわらず，スタートダッシュ後に，その理念に向かう勢いが失速した。すな

I 司法制度改革審議会意見書から残された課題

わち本来,「法の支配の進展」には,あらゆる法制度の改革や多様な政策の実施が必須であるところ,意見書は最も改革可能な途が法科大学院制度であると考え,主として法科大学院制度を改革の出発点とした。しかし,予定通り進まず,司法試験合格率は上がらず,法学未修者の進学率と合格率は下り,入学希望者も減少するという重大な状況に陥っている。2015年6月30日に法曹養成制度改革推進会議は司法試験合格者を最低でも1,500人程度とするとの提言をし,日弁連もこれに同調した。本稿では,なぜ意見書の構想の実現は円滑に進まないのか,なぜ失敗とまでいわれるのか,その原因を探り,当初の目的に向けた選択可能な政策を提示する。

1 形式的法治主義を担う隣接士業

意見書は,日本における当時の学術上の高い見識を基盤に,既に社会に提示されていた多様な意見をバランス良く汲み上げたもので,日本の公式文書としては歴史上まさに一級のものと内外において高く評価されたといえる。特に会長の佐藤幸治自身が憲法学者としての影響力を発揮し,「法の支配」を高らかにうたい上げたことは明らかである。その「法の支配」を,日本国憲法の国民主権を中心に自由と公正を核とする法(秩序)とし,その拡充を謳った(意見書3頁,以下頁のみ記す)。すなわち,法を固定的にとらえる法治主義的な考え方ではなく,法を自由と公正を核とする憲法の精神に向けて形成していく立憲主義定的な考え方を取り,従前の日本の社会に欠けていた後者の発展をさせるべきこと

を強調した。そして，法の支配の拡充のため，司法改革として，頼れる司法制度の構築，質量豊富な法曹の育成，国民参加の推進をあげた。法学部の教育では不十分であり，法科大学院教育を必要とし，立憲主義教育とも言うべきものを目指すものとした。

　しかし，意見書では，法の支配の拡充を担うのは，法曹ばかりか隣接士業も含まれるのか，隣接士業が含まれなければ，法曹増員と引き替えに縮小されるのか，触れられていない。隣接士業の縮小に触れないままに，これについて「法的サービスの担い手の在り方を改めて総合的に検討する必要がある」及び「利用者の視点から，当面の法的需要を充足させるための措置を講じる必要がある」とした（87頁）。ワンストップサービス（総合的法律経済関係事務所）を勧め，「異業種間共同事業の容認の可否については，さらに検討すべき」とした（88頁）。隣接士業の資格のままで，立憲主義に基づく業務を担うことは可能なのか。つまり，権限を拡大しても，行政の固定的運用を支えれば，形式的法治主義の運用に止まるので，法の支配の拡充の桎梏となるのではないか，将来的な総合的な検討課題とは何を指すのか，今やこれらを検討すべき時期となったといえる。

2　法曹の質の転換論の欠如

　意見書は法曹増員を具体的に提言したが，法曹の質の転換及び教育の質の転換についての提言は以下のとおり不充分であった。

(1)　意見書は，法の支配について，憲法の人権思想や国民主権を中心に描いた。しかし，隣接士業と同じく，法律実務家は，む

Ⅰ　司法制度改革審議会意見書から残された課題

しろ法治主義的思考で行動するもので，立憲主義的思考では飛躍が大きく，直接には，法の運用の具体的指針，個別紛争の解決指針を導くものではなく，よって法学教育の指針としては，不十分であり，改革審が残した課題であった。

(2)　意見書は，法科大学院制度の教育理念として，理論的教育と実務的教育を架橋するものとした。筆者は，宮澤節生（1998: 8-16）が，法科大学院教育には，応答的司法へ向けて，「抑圧的司法プラス法規主義」という現状の変革を内容とすべきと主張したこと，筆者が，法曹増員と共に，事件数の増加のために法曹の質の転換を必要とし，法教義学的思考ばかりでなく，「法創造的思考の充実」を核とする「研究・実務・教育の統合」を提示したこと（遠藤 2000: 101-137）を参考としたと評価したが，一般には，そうとは受けとめられず，理論と実務の距離を縮めるものとのみとらえられ，教育の質の転換に至らなかった。

(3)　意見書は「法の支配」の担い手として，専門性，創造性，批判的能力の養成を求め（63頁），他学部からの一定割合の入学を要求し（65頁），法学部においては，法学基礎教育，幅広い教育へ転換すべきこと，独自性の発揮を求め多様化すべきことを示唆した。飛び級を認める点は，法学部での勉強を重視していない（71頁）。以上によれば，法科大学院と法学部との教育内容の比較から，法学部の転換すべき理由について結論を出す時期と言える。また表裏の問題として，他学部卒（法学未修者）の減少の原因は，合格者数の抑制だけでなく，他学部卒を求めた理由の核心は何であったのか，それに相応しい教育や試験とはなんであったのか，法学の視点からより明確にする必要がある。

(4) 意見書は，裁判官の質の転換のために，その給源の多様化と多元化を主張した。法曹一元の言葉こそ使っていないものの，原則として全ての判事補に10年の裁判官以外の法律専門家としての経験を求めていた。それを容易にする司法修習の廃止に直接には触れていないが，「給費制については，貸与制または廃止」を指摘しつつ，「新たな法曹養成制度全体の中での司法修習の位置づけを考慮しつつ，その在り方を検討すべきである」とした（75頁）。給費制でなくなれば，司法修習自体の存続困難が予想された。また，「司法試験という点のみによる選抜ではなく，法学教育，司法試験，司法修習を有機的に連携させた「プロセス」としての法曹養成制度を新たに整備すべきである」とした（61頁）。「法科大学院がその中核を成すもの」と明記されているので，その他の制度は，付随的なものであることは明らかである。但し，有機的関連については明確ではない。米国型を導入した経過からすれば，3年という長期の教育プロセスの前後に同じか別のものか明確でない教育を置くなら理由は明確でなければならないが，明記はされていない。よって，法学部と司法修習の改廃は検討すべき時期に来ている。また，上記文章によれば，司法試験の比重は当然に低下するということが予想されていた。しかし現実には予備試験も含めて従前のような「点による選抜」に戻りつつある。

3　法曹人口論の第三の道

意見書が隣接士業の縮小に触れなかったことが影響して，弁護士会における法曹人口の増員か抑制かの議論の中でも，この点を

全く欠落させた貧困な論争となった。

　法曹人口抑制派は，意見書に反対の立場を取り，法科大学院制度に反対し，司法試験で合格者を制限すべきとする。弁護士が過当競争に晒され，収入も低下し，弁護士の質が下がり，悪徳弁護士が横行し，裁判官の質も低下し，結局は国民が被害を受けるとし，弁護士の主たる領域は裁判実務であり，法律事務所への就職が困難になる程に増員すべきでないという。事件数も増加していないという批判もあり，確かに米国のようにクラスアクション，ディスカバリー，懲罰賠償，三倍賠償などを導入しないままに，事件も増えないならば，米国型ロースクールによる法曹三者のみの増員には限度があると認めざるを得ない面もある。但し，増員を抑制すればする程，隣接士業の権限拡大に対しては，強く反対できない立場となる。

　法曹増員派は意見書のとおり，年間司法試験合格者約3,000人を目指すものである。2014年から「ロースクールと法曹の未来を創る会」（代表久保利英明弁護士）は活動を開始している。法曹増員は，一定の競争と多様化を通じて，全体として法曹の質を上げ，事件を掘り起こし，国民の権利の拡充，法の支配の進展に寄与するとし，弁護士の領域は，裁判ばかりか，相談，交渉，法令管理など広いものであり，弁護士は会社，団体，行政機関などにも広く所属して業務をすべきであるという。しかし，なぜその業務は，職員や社員ではなく，弁護士でなければならないのか，理由を明らかにしなければならない。また隣接士業の分野には弁護士として参入すればよいとの立場となるが各隣接士業団体に加盟し各士業を標榜しないと依頼者を獲得しづらい。また，現実には

法曹人口抑制により，その状況になることはない。

よって本稿では，隣接士業の長期的縮小という第三の道を選択する。

4　行政における新しい法律家の役割

(1)　行政国家や福祉国家としての重要性が高まり，行政への申請業務を担う隣接士業の役割が大きくなり，質の転換が要求されており，他方で，行政を主導する国家公務員，地方公務員にも，法曹資格をもつ新しい法律家の必要性が高まっている。改革審は司法を対象としたため，触れられていないが，残された課題と言える。

(2)　意見書では，行政事件訴訟法の見直しを含めた行政に対する司法審査の在り方に関して，「法の支配」の基本理念の下に，総合的多角的検討を行う必要があるとした（39頁）。そして，義務付け訴訟の新設など行政事件訴訟法の一部改正は実現した。しかし，その後，従前の実態は変わらず，行政に対する司法積極主義への転換はされていない。例えば，ノネ（1978=1981）とセルズニック（1978=1981）の提示した自律的法から応答的法への進展経過，つまり，行政に対する積極司法，法の爆発などの発展を示すものとなっていない。日本の司法消極主義に変化がない以上，行政の変容は，新しい隣接士業と新しい法律家の参入による途を探るべきである。

(3)　そこで，今や目を転じて，福祉国家や行政国家の拡大の中で，ケイガン（2001=2007）が米国の当事者対抗的リーガリズム

の発展を描きつつ，これと比較して日本やヨーロッパの行政の役割を相当程度高く評価するとの実証的研究の成果を提示したことに注目すべきである。また，ブレイスウェイト（Braithwaite 2002）らの犯罪社会学の成果，ベック（1997=2010）らのリスク社会論の提示から，災害，紛争や犯罪についての予防のための制度設計や立法が益々重要となってきた。よって日本の立法や行政において果敢に法形成を行うことは，新しい法律家と新しい隣接士業の協同により可能となるとも言える。米国で，弁護士が議会，行政府，企業で活動していることは，まさに立法や政策を直接担っていることを示すのである。「法の支配」の拡充とは，法律家の支配の拡充をも意味することになり，法科大学院での教育には，法解釈だけではなく，立法論や法政策論まで含まれなければ時代の要請に合わなくなっている。行政や立法の重要性は，例えば日照条例の成立により，多発した建築差止の仮処分や訴訟が全く消滅した例にみられる。合理的な法システムの導入により，訴訟へのニーズ，法曹三者の必要性が低下する。改革審の前後の法曹人口論議でもほとんど対象とされず残された課題である。

II　隣接士業の長期的縮小論

1　UPL 規制を無視した法曹の国際比較

日本において法律を専門に扱う者とは，裁判官や行政官などの公職を除けば，民間では以下の者を指すといえる。①弁護士，②狭義の隣接法律職（隣接士業——税理士・司法書士・弁理士・社会保

険労務士・行政書士），③広義の隣接法律職（損害保険会社の交通事故示談代行・信託銀行の遺言信託・サービサー業務・監査法人のM&A業務やコンサルタント・土地家調査士の表示登記や境界確定の業務・マンション管理士・中小企業診断士・不動産取引主任者など），④無資格従事者（コンサルタントなど）。

　法の担い手の分析をする上では，上記職種をすべて対象にしない限り充分な成果を得られない。しかし，日本では，法社会学の研究書または概説書において主として上記の内の一部である弁護士の役割が，分析され，各々評価されてきた。そして，広渡清吾（2003）らは欧米を中心に世界的に法曹の比較分析をし，実態を明らかにするという多大な功績を残した。これは，当時の司法改革の論議における法曹の人数と質を比較しつつ，各国での法曹の社会的機能を明らかにする成果をあげた。

　しかし，残念ながら，日本の隣接法律職を国際比較の遡上に乗せるとの問題意識が薄かったために，各国の報告でも，法曹以外の隣接法律職の実態については，指摘は少なく，諸外国での公証人の報告はあるものの，日本の隣接士業に相当するものの存在はそれほど多くはないと思われた。

　それにもかかわらず，国際比較では日本の隣接士業を無視して，法曹の人数が圧倒的に少ないという結論のみが広まっていった。しかし，日本の隣接士業は，現在では約20万人存在し，これを含めるならば，法律職はドイツ・フランス並みであり，決して少なくはない。

　さらに重要なことは，米国では，UPL（Unauthorized Practice of Law）規制により非弁護活動が隣接士業も含めて一切禁止されて

きた歴史があり，弁護士の人数が多いという明白な理由があることである。しかし，このUPL規制が日本で報告されたのは，古い報告（バウル 1962: 28）に加えて，隣接法律職をテーマにあげた2011年の日本法社会学会学術大会であった（バートレット 2012: 74）が，いずれも詳細な紹介ではなったので，本稿では詳細に米国UPL規制を分析する。

改革審の始まる直前に，法曹増員のために法科大学院の設立を提案した佐々木毅・柳田幸男・田中成明・宮澤節生及び筆者は，米国型のロースクールを参考とした。しかし，米国では隣接士業を禁止するUPL規制が広く強力に機能していたのであり，日本にも法曹増員とセットでその導入を必要としたが，これには一切言及されていなかった。つまり上記全員が隣接法律職の課題を取り込むには至ってなかった。上記5名の意見は，弁護士増員後には弁護士が隣接士業分野に進出し，隣接士業は縮小するだろうと，潜在的には考えていたとみるべきだが，制度設計には組み込んでいなかった。その状況が原因して，意見書は，法曹増員の実現までの間の暫定措置として，隣接士業の増員と権限拡大を容認してしまった。その結果，暫定処置どころか長期に固定化する状況が生まれ，逆に弁護士数の抑制を正当化するという予想外の事態となった。

2　掘り下げられなかったテーマ

■学会での議論

萩原金美（2002: 15）は，上記意見書公表後から一貫して，意

見書が隣接士業の縮小を何ら予定しなかったことを批判し続けた。萩原は当初より隣接士業の法曹への吸収を主張し,「規制する,かつ規制される準法曹」の存在により,「監督官庁との癒着の上に特殊日本的な形式的法治主義,擬似的法の支配が成立している」とした。隣接士業の発展的解消が真の法の支配への変革への最大の眼目であったが,改革審は,「準法曹問題の聖域化」をもたらしたとされた。上記学術集会では,法曹と隣接士業の状況が多角的に検討されたが,残念ながら上記萩原の問題提起を深める議論はされなかった。但し,そこでは,久保山力也(2012: 234)が,隣接士業の資格は,理論的にも,実状としても破綻しているとし,廃止に向けて7類型がありうると結論づけたことは,新たな重要な分析であったが,法科大学院改革としては論じられていない。他方で,田中成明は司法試験不合格者に新たな隣接法律職を付与する案を提示した[1]。

弁護士会内での分析や討議も進まなかった中で,最も詳しい論説を書いた出井直樹(2009: 100)は,隣接士業について①法廷外業務一部分担モデル②法廷外業務全部分担モデルがあるとし,改革審後に多くの隣接士業団体が権限(法律相談権限やADR代理権)拡大を推進し,上記②モデルを主張するのに対して,改革審のデザインは,法曹が質と量の両面から法の支配を担い,弁護士も法廷活動に限られることなく活動し,隣接士業はあくまで限定的補助的役割をもつ従来からの①モデルであったとする。そして,「この場合,各隣接士業の専門性は何なのかという点が厳しく問われることとなる」と指摘し,「司法作用の本質は何なのか,という視点を踏まえつつ,利用者である市民・国民の視点で制度のあり

方を議論することが重要であると考える」と鋭く本稿と同じ論点を提示したものの，掘り下げるには至らなかった。

■隣接士業の課題と取り組み

　上記意見や疑問が出される中で論点が掘り下げられなかったのは，隣接士業の課題への取り組み自体が極めて困難であることが予想されたからである。すなわち，隣接士業を廃止することは困難と考えられてきた。長期間にわたり，少なくとも，法令・通達を遵守するという目的を達成する制度として機能してきた。その存在理由を否定する理由は一般には明確となっていない。厳格な試験制度も円滑に機能し，官庁退職者も経験に基づく一定の能力を有しているとみなされてきた。総数約19万人という資格者の身分の変更は不利益変更として重大であり，かつ政治的圧力団体としても強い立場にある。

　これに対して筆者の現実の業務経験と調査から分かったことは，隣接士業は，国民に現存の法令や通達を押しつける機能を果たしており，行政の執行を円滑化するという意味で，行政の立場に立っており，依頼人である国民の側に立っていない面が強いことである（遠藤 2012c: 106）。萩原金美（2013: 24）は，行政自体が拒否法学の運用といわれる中で，隣接士業はこれを補佐しているにすぎず，行政に対して交渉したり，強く協議する権限をもたない，隣接士業は申請を拒否されたら訴訟をするとの権限を付与されていないので弱い立場にあり，「弁護士は牙を持つが，隣接士業は牙を持たないから行政と戦えない」と言われてきた。また多くの元公務員が隣接士業の資格を有しているが，国民の声を反映する立

場と言い難い。

　隣接士業はわずかの例外を除き、訴訟代理権を行使する権限を有しないので、英国のソリシターとみて、弁護士はバリスターとみれば西洋モデルと同じとの意見もある。しかし、そもそもソリシターは弁護士とされてきたし、英国の弁護士二元制は一元化に向かっており、特殊な日本型隣接士業の存続を正当化できない。

3　改革の理由

　本稿では隣接士業を短期に廃止することは困難であることから、20年及び30年かけて、縮小していく方法を検討する。①司法試験合格者3,000人を維持する場合には、隣接士業への法務博士の参入を促進するため、司法試験合格者1,500人に次ぐ下位の者1,500人に、一定の成績ラインを超えれば新隣接士業の資格を付与し、その分野に限り法律相談や訴訟代理権限を与えることとする。一種の専門分野弁護士を法律で認定するもので、合法といえる。②裁判制度の改革が進まない中で、弁護士数の増加のみが先行するのは、サービスの過剰供給になる。合格者を1,500人とする場合には、約500人が弁護士として隣接業務に取り組む。その方法については第2章の通りである。

(1)　業務の一括請負（法廷と法廷外活動の連続性）

　歴史的には、法廷活動には厳格な手続、独自のルールが形成され、厳格な資格手続を経て裁判官、検察官、弁護士にのみ権限が与えられた。しかし、20世紀に入り、法廷外活動が拡大し、内

容においても高度化，複雑化してきた。一般には，法律相談，通知発送，交渉，示談の経緯を辿り，示談が成立しなければ，調停や訴訟提起となる。それ故，国民にとっては一貫して弁護士に依頼することが時間的，労力的に，また費用面で利益となる。隣接士業が上記のうちの一部のみ業務を担うことは国民にとって不便である。また，一部の専門分野についてのみ法律相談するのは依頼者にリスクが発生するが，新隣接士業は弁護士事務所に所属する割合が高くなるので，そのリスクは減少する。

(2) 法令遵守の多様性

法科大学院では，本来，法の発展の歴史，法の重層性，法の解釈論を基礎として，様々な法令やソフトローの運用などを学ぶ。これに対して隣接士業の多くが学ぶ法学部及び現実の業務では，固定的な法令遵守の運用を学び，これを扱うに留まる。つまり，法令や通達は多様に解釈できるはずであるが，行政の一面的決定に従う。法令の運用に対して行政庁に交渉したり，その運用を変更させることをできない。

(3) 司法国家への阻害

隣接士業は行政に対して様々な申請書類を提出するものであり，弁護士よりはるかに行政と接触する頻度が高い。応答的法モデルへの進展とは，多様な解釈の中から行政に対する異議申し立てや訴訟提起を目指すものである。しかし，日本の隣接士業は行政の補助者に止まり，応答的法モデルへの担い手となっていない。また，行政訴訟は，最も難しい分野であるが，新隣接士業ならば期

待できる。そのために，法科大学院には従前の法学部以上の教育が求められるのである。

(4) 行政との協働

20世紀に入り，世界各国では，社会主義的規制，産業保護的規制から，自由経済的規制へ（事後規制），人権や福祉のための規制，安全確保や災害予防のための事前規制などが複雑にからまり，法の過剰，または法化社会と言われる時代となった。日本の隣接士業の分野は拡大し，高度化してきた。隣接士業の扱う税務，登記，知財，年金，入管の分野では，様々な社会的問題，不祥事が起こり，国際化が進んでいる。国民や在住外国人の立場からみて，行政に対して救済を求め，改革を要請したいことは山積みである。新隣接士業は，行政に対して果敢に交渉したり，協働することが可能となる。

(5) 実質的合法性

本稿では上記4つの視点を貫く法概念を，法哲学などを参考にしつつ，一部独自に考案したので解説する。すなわち，現行の法令や通達の通説的解釈を「形式的合法性の遵守」と呼び，一歩進ませる解釈の運用を「実質的合法性の適用」と呼ぶ。例えば相談から訴訟へ，法令解釈の変更へ，判例の変更へ，行政通達の変更へ，と挑戦して行くことを実質的合法性に基づく解釈と位置づけるものである。従来の隣接士業の業務の内容は形式的合法性の遵守に止まった。そして，法学部や司法研修所における教育も，若干レベルが異なるものの，形式的合法性の運用の教育に止まって

いた。他方で、法科大学院での新しい教育とは、日本では研究分野において行われていた実質的合法性への法形成の修得を意味する。よって、隣接士業の縮小、法学部の転換、司法研修所の廃止を1本の矢で貫くような重要な上記法概念を以下に提示する。

Ⅲ 法動態学（形式的合法性と実質的合法性の統合）

1 法の支配の二面性（自然法論と法実証主義の統合）

タマナハ（2004=2011）によれば、「法の支配」には法治主義と自然法論の二面があるとされている。近代議会制成立前までの間、支配者の制定する実定法に抵抗するために、実定法を超える価値（人権、平等、正義）を含む自然法が主張された。実定法の抑圧的欠陥を人間的道徳をもって補充したり、人々の納得のいく妥当な結論へと導くようにした。これは法創造機能といえた。

しかし近代民主制議会の成立により、議会制定法が絶対視されたことは必然であったといえる。自然法論は後退させられ、法治主義、法治国家と呼ばれるようになり、実定法一元論としての法実証主義が確立する。法解釈論としては、立法者意思説がとられ、法と道徳は厳格に分離されることとなる。法体系の自己完結性を主とする概念法学、形式論理的演繹を行う機械的法学、法教義学に至る。英米では、判例法主義として、長い間に次々に新しい判例が成立していたが、いつしか、先例拘束性の原理の絶対視、法宣言的裁判観の成立と共に、法実証主義が支配的となる。特に、19世紀、資本家の求める権利たる所有権、契約の拘束性などを

ドグマ化しつつ，法の中に，予測可能性と安定性を強調する法実証主義が一般的となる（田中 1994: 282-289）。この研究や教育を法静態学というべきである。

　しかし，20世紀から，資本主義の進展により，労働者，消費者の拡大に伴う社会経済の大きな変動がくる。ドイツでは，法実証主義からの脱却を目指し，自由法運動，利益法学の主張などにより，司法的立法，法創造的裁判など進められた。英米においても先例拘束性の緩和がされ，社会変動に側した実質的法的安定性が求められた。特に米国では社会学的法学，リアリズム法学という法社会学的視点からの分析により，法的推論だけではなく，社会統制による妥当な解決を求める方法が支配的となっていく。すなわち，法実証主義克服運動が広がり，自然法の価値の実現という法の支配へと向かうこととなった（青井 2007: 202-302）。特にナチスの拡大と残虐行為を立法と司法は阻止しえなかったばかりか是認したことを，形式的法治主義の弊害，自由法論の悪用とみて，自然法の再生がとなえられた。このような経過により，現在では法の支配の二面性（法形式主義，法実質主義）を動態的に，法社会学的に把握し，統合しなければならないことが明らかにされた（タマナハ 2004=2011: 129-161，長谷川 2006: 26）。この法動態学の具体化や充実化を以下にⅣにおいても論ずる。

2　形式的合法性と実質的合法性の連続性

　(1)　タマナハ（2004=2011）は，形式論（formal versions）と実質論（substantive versions）に分ける。また，形式的概念（formal

Ⅲ 法動態学（形式的合法性と実質的合法性の統合）

concept）と，実質的概念（substantive concept）に分ける。『実質的概念としての法の支配を重視する者は，これにとどまらず，法の支配には，上に述べたような形式的な側面があることは認めるが，それに加えてさらなる原則を求める。一定の実質的権利は，法の支配を基礎にし，または法の支配から生じるべきものであり，これらの権利に応じた法が「良い」法であり，そうでないものが「悪い」法であるということになる』という。そして，形式的合法性（formal legality）を使うものの，実質的合法性（substantive legality）の用語を使わないのが疑問であるが，本稿では，この2つの用語を以下の通り個々の事案に適用することがふさわしいものとして提示する。

① 形式的合法性——（目的）秩序維持，法令遵守，（特性）先例踏襲，固定性，安定性，明確性，予測可能性，一般性，画一性，抽象性，法的拘束力の画一性・強度性

② 実質的合法性——（目的）自然法の価値実現，人間性尊重原理，人権，自由，平等，平和，福祉の実現，正義の追求，（特性）先例変更性，柔軟性，可変性，個別性，暫定性，救済性（エクイティ），緊急性，具体性，法的拘束力の多様性・非強度性

(2) 上記と同様の考え方をめぐり，米国では，最近まで法解釈論が議論されてきた。スカリア判事は，条文主義（textualism）をとり，ブライアー判事は，目的的解釈主義（purposivism）をとる（大林・横大道 2008）。後者は，個別事案において，条文の形式的拘束性を基礎に，社会の動向たる目的に合致する実質的な解釈をしなければならないとの立場を提示する。法令，通達，ガイドライ

ン，契約，遺言などのすべての事案の解釈に適用される概念である。カッツマン判事（Katzmann 2014: 55）が，裁判官は各事案毎に，条文（形式）と目的（実質）を含めて，あらゆる要素を尊重するという指摘と同一である。

(3) 形式的合法性と実質的合法性について，合法性と名付けていることが重要性であり，他の用語より適切である。合法性の反対概念は違法性ということになる。合法性を逸脱すれば，違法とみなされ，刑罰，民事賠償，行政処分，団体除名などの制裁を受けることになる。日本では，極く例外を除いて，形式的合法性を中心に合法と違法を区別してきた。すなわち，法令や通達の文言，過去の判例の結論に拘束されてきた。形式的合法性の逸脱により直ちに制裁を受けるため，法令遵守こそ最も重要な義務と考えられた。日本人が欧米に比してルールをよく守るとは，これを意味している。しかし，実質的合法性の概念を入れ，合法の枠を広げれば，従前形式的合法性違反のみで違法とされてきたことが，実質的に合法として違法ではなくなる。特に，刑事罰を回避できることが最大のメリットとなる。市場，医療，会計，法務の分野で刑事罰が拡大されてきたことを抑止できる（遠藤 2012c）。また，民事の請求権の拡大と縮小を理由づけできる。さらに実質的合法性へ踏み出す弁護士活動を倫理違反にすべきでなく，弁護士懲戒事案でも誤審を妨げる[2]。

(4) 法令における形式的合法性が社会に適合していない場合は，徐々に柔軟に解釈し，実質的合法性を求めて新しい解釈をしなければならない。特に，悪法としてこれに従わなくてもよいかとの問題となり，慎重かつ果敢な対応が必要となる。例えば，イェリ

Ⅲ 法動態学（形式的合法性と実質的合法性の統合）

ネックは、事実の規範力は「力の法への転化」、規範の事実力は「理想的に先取されたより高次の法の力への転化」とし、この2つの要素が競争的に働くことにより、新しい法の産出、維持、改変といった、法のダイナミズムをも確保できるとする（森元 2006: 167）。また、ドゥオーキン（1986=1996）は、各事案において、慣例主義（conventionalism）とプラグマティズムの視点を乗り越えて「統合性としての法」を提示し、「構成的解釈モデル」（中山竜一 200: 87）または「整合的法解釈」（平野 2007: 107）として解説されている。

上記2例の前者が形式的合法性、後者が実質的合法性に該当し、これを統合することを示している。また、応答的法は、合法性を保持した上での目的志向的な法のあり方であるという解説がされている（平野 2006: 113）のも、合法の枠を広げるという同じ趣旨である。

(5) 形式的合法性の解釈においても、実質的合法性を常に意識している限り、妥当な解釈に行きつく。しかし、実質的合法性を常に意識し、点検しない限り、社会の目的に反した後ろ向きの解釈になったり、形式的合法性からの逸脱にも気づかなかったり、形式的合法性をも無視することになる。この点は今後の最も重要な研究課題である。

(6) 形式的合法性を尊重しつつ、社会的目的を求めて実質的合法性への踏み出しとは何を基準にすべきかが課題となる。以下のとおり、社会の進展に合わせて法を進展させること、漸進的に改変させること、ソフトローの柔軟な運用を利用してハードローを改変させていくことである。

第4章　法動態学による教育と改革

3　法の変動

(1) 法と社会変動

　一般的には，社会変動が先に起こり，これに合わせる形で法令が成立していく。理想的には，経済，社会，技術の進歩に遅れず，早まらず，ほぼ同じ速度で漸進的な法変動が望ましい（季 1994）。極く例外的には，社会変動の前に法律を成立させることにより，社会変動をうながすこともある。そこでは，生命，財産，生活を侵害しない手続きならば可能と考えるが，実際には歴史上多大な侵害を伴ったものである。よって漸進的法改革しかあり得ず，これを理想とする。特に松尾弘の開発法学の研究成果によれば，急激な改革は失敗し，バランスのとれた漸進的変化が妥当であるという[3]。また，改革とは人々の合意と理解がないと円滑に進まないことから，漸進的であることが必要となる。

　逆に漸進的法改革のないときには，法令は現実の社会や経済に遅れてしまい，古い悪法に満ちた法制度に対して人々の不満が増すこととなる。例として，患者を侵害した「らい予防法」という悪法の廃止が遅れたこと，アスベスト被害者の救済は約30年以上遅れたこと（遠藤 1992），生殖補助医療を望む患者はソフトローを含む法により，治療をうける権利を侵害され続けていること（遠藤 2004, 2005, 2007a, 2008），ヤマト運輸の郵便事業への参入が制限されてきたこと，自宅保護制度の遅れ（遠藤 2007b），などをあげておく。

104

Ⅲ　法動態学（形式的合法性と実質的合法性の統合）

(2) 法の進化

ノネ（1978=1981）とセルズニック（1978=1981）は「法の支配」の歴史的発展を，刑事制裁に依存する「抑圧的法」から，民事法による自治的規律を核とする「自律的法」へ，更に司法，行政と民間との相互連携を強化する「応答的法」への過程を類型化して示した。現代の先進国においては，応答的法を理想とする。欧米では，「応答的法」の社会が発展しているが，日本では，民事司法が充分に機能していないために，「自律的法」への歩みの中で，バブル崩壊後の魔女狩り裁判のように，しばしば「抑圧的法」へ後退する現象が起きている。換言すれば「法の支配」の空洞化である（遠藤 2012b，2012c）。

(3) 法化現象の拡大

第二次世界大戦後，欧米では法の担う役割が増大し，強化された。米国では「訴訟（法）の爆発」として量的拡大が，さらに政策形成型訴訟までの質的発展が現象した。ドイツでは，福祉国家における「社会国家の介入主義」すなわち「経済法や社会法による行政統制」に対して，市民の側から正義追求の「法の実質化」が求められ，司法救済が著しく進んだ（馬場 1994: 73）。

(4) 経済政策のための法整備

柳川範之（2013，2014）によれば，経済発展をするためには，それに合わせた法整備が必要となり，特にマクロ経済政策（金融政策，財政政策）が目的通りに効率よく効果を発揮するための法整備が必須となる。しかし，法律には経済政策論と異なる論理体

系があり，従前の法体系との整合性にとらわれ，政策の意図を実現できない場合もある。そこで環境変化に対応した柔軟なルール作りや効率的実践的規制ルールが求められる。

　そして，日本では経済成長の要である参入規制が緩和されるべきことが課題となっている。柳川は裁量行政の時代には，行政指導やルールの解釈の変更で規制が緩和されることがあったが，現在では法律を改正しない限り規制改革をできないと主張する。しかし日本の岩盤規制といわれる参入規制は法令以外の団体などの締め付けによることも多く，法改正の検討とあわせて，多様な方法でこれを乗り越える必要がある。つまり，法律改正をしつつ，これを補充する省政令，通達などにより柔軟に前向きに運用されなければならない。今後は，法令の形成にあわせて，行政団体と国民は実質的合法性への踏み出しを意味する積極的裁量を活用しなければならない。

Ⅳ　動態的法形成（ハードローとソフトロー）

1　コモンロー変動モデルと制定法変動モデル

(1)　法を運用するときは，既存の法令や判例を尊重するという形式的合法性の拘束性がある中で，新しい法形成に向かう実質的合法性の創造という極めて困難な作業が必須となる。英米の判例法の歴史では，社会の進展と共に，法が徐々に変更されるという考え方がされ，法学教育におけるソクラティックメソッドもこの判例法学習の一部である（松浦 1998: 248）。本稿では「コモンロー

IV 動態的法形成(ハードローとソフトロー)

変動モデル」と呼ぶ。法の形式性は,条文ではなく,所有権,契約,占有などという法概念を指し,各判決の結論や理由では常に形式的合法性から実質的合法性への連続性が意識され,表現されていった。なぜなら,実質的合法性の特性たる柔軟性,可変性,多様性などを重視するからこそ,判例変更が実現するからである。所有権などをドグマ化すれば,形式的合法性の優位となり,法実証主義になり,他方で,実質的合法性を強く求めて法の変動を目指したのが,リアリズム法学や社会学的法学となった。

(2) これに対してヨーロッパや日本の制定法主義では,議会法の拘束力は民主主義の原則から強まらざるをえず,形式的合法性の固定性は強化され,司法の裁量はどこまで発揮できるかが議論となった。そして議会法は抽象的であり,法の運用は行政の政令・省令や通達などによった。また,民間団体の規則やガイドラインにより,法の具体的運用がなされてきた。従前,一般にはハードローたる議会法と政省令は法的拘束力があり,ソフトローたる通達やガイドラインは法的拘束力がないと説明されてきた。しかし,国民はすべて法的拘束力があると思い,これを遵守してきた。なぜなら,通達やガイドライン違反で,刑罰,民事罰,行政処分,団体除名がなされてきたからである。それ故,図1で示すように法的拘束力は上層のハードローから下層のソフトローに向かってなだらかに,強い方から弱くなっていくと考えるが,全く法的拘束力がないとは考えない。ハードローは,形式的合法性を体現するのに対して,ソフトローは実質的合法性をその特質とする。法の変動は,制定法では立法の改変によるが,通達やガイドラインは行政や団体内部の決定の変更による。政省令はその中間として,

政府や大臣の決定の変更による。最後に判例による改変がある。このような手続きによる変更を制定法変動モデルと呼ぶ。

コモンロー変動モデルでは、過去の判例や法理は、議会法よりは強い法的拘束力を付与されてない。その意味で実質的合法性を尊重して運用できるソフトロー的な面がある。これにならい日本の判例も同様に柔軟に扱ってよいことになる。制定法変動モデルでは、硬直的な議会法を判例やソフトローで運用することは、実質的合法性を追求するもので、前述のとおり極めて困難な作業であり、法律家の重大な任務となる。米国においては、20世紀後半に入り、国・州・市などの議会法が著しく増加したため、コモンロー変動モデルを前提としつつも、制定法を巡って前述の解釈論の議論になっている。これを参考に、今後、ソフトローを含む制定法変動モデルを具体化できれば、より実りのある構想になると考える。

なお、一般的には法規命令（政省令など）という行政立法も制定根拠と拘束力の明白性からハードローに含める。しかし法律の具体的な運用や解釈を定めるもので、社会変動に合わせ柔軟に変更すべきものであり、ソフトローとしての機能を重視すべきである。

2 「法の機能」のピラミッドモデル

(1) 公的ソフトローは、行政規則（要綱・通達・通知・ガイドラインなど）である。最近では内部的拘束力だけではなく外部効果（拘束力）をもつと言われている（大橋 2002, 宇賀 2006: 256）。行

Ⅳ　動態的法形成（ハードローとソフトロー）

政指導も事実上の拘束力が大きいため，これをめぐる法的課題が検討されている。私的ソフトローは，団体や学会の規則やガイドラインである。ソフトローは法律や政省令の運用規定，解釈規定として重要となる（中山編集代表 2008, 2005-2013）。

ソフトローは多様性，柔軟性，可変性を有する。利害関係人や，一般市民が公務員や団体に働きかけて変更して行くことが可能である（遠藤 2012a）。裁判所の判決自体も法の運用や解釈を決定するものとしてソフトローの機能を持つ。多様性，暫定性，個別性をもち，判例変更はハードロー変更よりも容易であるからである（遠藤 2014: 36）。ソフトローは一般的に法的拘束力を有しないと言われているが，強弱は異なるものの，様々な制裁や，不利益を受けるという意味で拘束力があると扱うべきである。

(2)　図1のピラミッド図は，上から下へ拘束力が弱まるが，他方で量が拡大することを示す。ハードローは形式的合法性を主とし，実質的合法性を従とし，「強い拘束力，安定性，量的限定性」を有し，ソフトローが，実質的合法性を主とし，形式的合法性を従とし，「弱い拘束力，柔軟性，量的無限定性」を有すことを示している。ソフトローは人々の協議や合意形成を通じて形成されるもので，古すぎる法令や新しすぎる法令を漸進的に社会に適合させる調整機能を持つ。一般的には古い法令が多いので，ソフトローは短期的には，漸進的改革への解釈論を呈示できる。中長期的には，ソフトローの運用により，ハードローを乗り越えていく機能，新しいハードローの形成機能が認められる。悪法を廃止するものとしての重要な機能を果たす。モニタリング・デモクラシー（キーン 2009=2013: 225）と同じく，社会の変動へ合わせて，前進

的方向への合意形成（ソフトロー）がされ，さらに強制（ハードロー）へと至る。ソフトローの膨大な分野で，新しい隣接士業はソフトローを活用したり，改革する必要があり，法科大学院がその教育を担うべきである。

(3) 法の運用においては，図2のとおり，強制力の強さから順に，刑事司法，民事司法，行政（予防），民間（自主規律）のピラミッド型をもって法の機能と役割を明確にできる。世界的犯罪社会学者ジョン・ブレイスウェイト（Braithwaite 2002）のピラミッド図を参考に，より大きく法の機能を明らかにした（遠藤 2012c: 45）。日本では，戦後，自律的法の発展が見られたが，刑事制裁を中心とする抑圧的法への後退，司法消極主義の固定化，部分社会の法理の導入など閉塞的状況が見られる。これに対して新たに，行政と民間団体の自主規律の開放化的強化とソフトローの柔軟化的運用をもって，応答的法への道を探るべきである（遠藤 2012b）。

図1　法機能モデル

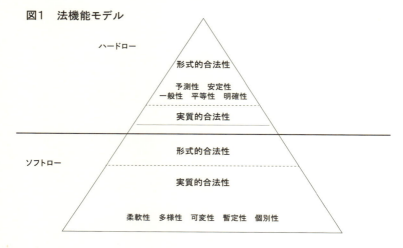

Ⅳ 動態的法形成（ハードローとソフトロー）

　犯罪や紛争の予防は，様々なプロアクティブな制度や政策によるべきである（松原 2000: 117）。事後的な制裁としての刑事処罰は抑制されるべきであり，民事司法の制裁と救済は拡大させ，行政と民間は協力して予防に努めるべきである。よって，日本においては，図2の4段階のピラミッドモデル（欧米の応答法モデル）を理想とする。図3-1の逆ピラミッドモデル（抑圧法モデル）は後進国型である。図3-2の形式法モデルは，形式的法治主義と共に，中間団体の広範な抑圧性を内在してきた日本の姿を示す。図2の理想的モデルを目指すには，更なる改革が必要である。

　ピラミッドモデルとは，上から下へ「強制，法的制裁，法的拘束力」が質的に弱まっていくこと，各段階のシステムの担う「人

図2　応答法モデル（欧米）

図3-1　抑圧法モデル（後進国）

図3-2　形式法モデル（日本）

的資源，法の領域，社会的機能」が量的に広がっていくことを示している。つまり量的には，下に向かって法律家の役割が広がっていくことを示している。行政における立法や法の運用，民間における「自主規律またはソフトローの形成」は法形成の基盤であり（原田 2007），漸進的法改革に向けて，この広い分野に新たに多くの法律家の参加を必要としている。

(4) 法を対象とする視点は，法を固定的にとらえる静態的見方と，実質的合法性の拡大とソフトローの活用を軸に法を変化していくものととらえる動態的見方がありうる。21 世紀に入り，急激な科学技術の進展，グローバリゼーションに合わせて，法形成をするためには動態的視点からの研究・教育が必要となっている。同時に，その成果が行政，司法，経済活動，人々の生活に還元されるが，またその現場から法形成への圧力が上昇してくる。つまり動態的法形成とは，「横軸（時間）と縦軸（強制と合意）の織りなすダイナミズム」，「ハードローとソフトローの融合的発展」を意味している（遠藤 2014: 9-19）。

3　法科大学院教育の漸進

　法科大学院教育の目的は，形式的合法性に拘束された法概念やルールを柔軟に解釈し，実質的合法性を追求するもの，すなわち，社会経済の発展に合わせた「動態的法形成の研究と教育」となるべきものと考える。従前の法学部教育は形式的合法性に拘束された静態的視点に止まっていたことに異論はないと思われる。行政，裁判，隣接士業の分野において，一定の成果をあげてきたものの，

Ⅳ 動態的法形成（ハードローとソフトロー）

もはや社会経済の激変に対応できなくなってきた。従前10年間の法科大学院教育では，静態的視点から動態的視点への大きな転換はされなかった。今や，法科大学院において，判例や立法の取り扱いについても動態的法形成の研究と教育を行い，グローバルな視点から，人材を養成するべきである。特に，継続的に欧米法を参考に漸進的法改革をする必要がある。そして，隣接士業は，膨大な分野のソフトローに盲目的に縛られてきたので，隣接士業分野の動態的法形成への改革に向けて，法務博士で司法試験合格者の参入を必要とする。

動態的法形成を法科大学院の教育目的とするとは，以下の具体例をもって示すことができる。多くの分野でこれに準ずる研究成果は続々出版されているので，豊かな教育は可能である。

① 青井秀夫『法理学概説』（有斐閣，2007）は，法実証主義と自然法思想の調和を分かりやすく解説する。本書の動態的法形成は同書494頁の説明から導き出している。

② 阿部泰隆の著書『行政法解釈学Ⅰ』（2008）及び同Ⅱ（2009）では副題に「実質的法治国家を創造する変革の法理論」「実効的な行政救済の法システム創造の法理論」とうたい，歴史的比較法的社会学的経済学的な考察を取り入れている。

③ 内田貴（2004〜2011）の著書『民法1〜4』では，現行の法令と判例の解説に止まらず，多くの項目で「もう一歩前へ」という法の動態が示されており，改革的志向が明らかにされている。この視点を分かりやすく充実させたものとして，同氏の「契約の時代－日本社会と契約法」（2000）はまさに法科大学院の議論の教材にふさわしいものといえる。

第4章　法動態学による教育と改革

V　法曹養成制度改革

1　法学部改革

　法学部は実質上廃止すべきである（米倉 2007: 139）。法政経学部，国際法経学部，公共政策学部などと名称をかえる。徐々にリベラル・アーツ，法社会学，政治経済から原発や防災などの理系分野までの広がりで，かつ，社会の需要に応じるために統計学や情報処理学を取り込む基礎的教育をする。膨大な教育が可能となり，社会貢献と共に，大学経営に十分資するものとなる。法学部教育は既存の法令と判例を固定化する作用を果たしてきた。つまり，法学部は隣接士業を生み出す源となってきた。また，国家公務員・地方公務員の源であり，これが再度天下りをして，隣接士業となるという意味でも規制行政を支える役割を果たしてきた。さらに法科大学院を作る以上は，法学部に教授陣とコストを二重にかけるべきではない。法学部改革により，法学未修者と既修者の区分は不要となる。

2　法科大学院改革

　(1)　法システムの形成とその運用は，予防的な機能が極めて重要となる。この点，事後規制または事後制裁によるべきとの観点が強調されてきたが余りに一面的である。法学教育には事後規制と事前予防の両面をカバーしなければならない。この理想に向けて，教える者の養成なくして成功するわけがない。学者（研究者，

Ⅴ　法曹養成制度改革

教育者）の養成こそ最も重要な目標としなければならない[4]。法科大学院発足により，法学教授は教育のみに時間をとられ，研究がほとんどできなくなってしまった（米倉 2010: 351-384）。授業では，比較法や外国法の話をしても学生は拒否反応を示すという。日本では欧米法をいかに導入するかが困難な課題であった。法科大学院では，正面からこの動態的法形成に取り組み，法曹と共に研究者，教育者をも養成しなければならない。実務教育が重要であると強調されすぎて法科大学院や研究大学院での研究を阻害するに至ったのである。まことに深刻な事態を作り出したといえる。法科大学院は弁護士養成という狭い目標ではなく，「研究・実務・教育の統合」という壮大な理想に向かわなければならない。

(2)　教育期間を 3 年に統一する。法学既修者コースを 2 年で修了する者は 8 割強だが，未修者コースを 3 年で修了する者は 5 割強にすぎない。そして，法学未修者の司法試験合格率は既修者の約半分弱で，2013 年度では，単年度 16.6％，累計 3.9％の低さとなっている（後藤 2014）。未修者に厳しい結果となったことが大きな失敗と言われている（久保利 2010）。法科大学院と司法試験の内容がいずれも現行法の知識つめこみ型であったことが失敗の原因であることが証明された。意見書では明示されなかったので一般に理解されていなかったが，本稿で明らかにしたように，法学未修者の参入を大きな目的としたのは，社会経験を持つ者，経済や科学の知識を持つ者の多くの参加が，実質的合法性に向けての法の発展や変動には必須の条件であると潜在的には考えられたからである。よって，さらに徹底してすべてを未習者のみとすれば動態的法形成への教育環境は整うといえる。

(3) 社会人入学（1割）の他に，学部2年・3年修了からの飛び級入学を各3割認める。2年修了者については，資力のないことの厳格な証明と成績優秀を条件とする。これにより予備試験を廃止する。

(4) プロセスとしての教育を重視して厳格な成績評価や修了認定を実施する。適性のない者には，早期の転換を促す。

(5) 外国語1科目（英，仏，独，中国など）による法学の学習を必修とする。入学試験，3年間の教育，司法試験まで，継続して教育内容や試験課目とする。

(6) 研究者と教育者の養成機関を兼ねるものとする。①修士－法科大学院3年，または4年で修士論文提出により修士とする。②博士－法科大学院設置の博士課程3年終了（留学期間を含む）及び博士論文提出による。法曹が実務経験の後に履修すれば，豊かな成果が期待できる。現在の法学研究大学院を吸収すべきこととなる。法科大学院の改善後であれば可能となる。

3 司法試験改革

従前は既存の法令や判例を確認する静態的法学の試験が行われてきた。しかし，今後は現行法についての出題は，法体系と内部の相互関連性を中心とし，動態的法形成の目的や方法論についての基本的知識を確認するものとなる。ここで，弁護士や行政官は，法令や通達の隅々まで知り尽くしていなくては実務に役立たないのではないかとの疑問があり得る。これは法律家の専門化と密接に関連する重要な問題と言える。現行法を理解しつつ，その矛盾

や欠陥をどのように変えていくかは，専門家の主導なしにはなしえない。法科大学院のプロセスとしての教育においては，多くの事例を通じて法の歴史と現行法の改革方法（結論はないか，または一つではないもの）を十分に議論（ソクラティックメソッド）することにより，将来様々な専門家となる基本的能力を育てるのである。司法試験というペーパーテストでは基本的知識のみ確認できるだけで，訓練した能力までを確認することを要求できない。まさに，プロセスとしての教育が主であり，司法試験が従となる所以である。現行法が複雑化し，増大傾向にある上に，司法試験で多くの知識を試すことになれば，法科大学院はこれに合わせて教育せざるをえなくなり，プロセスとしての動態的法形成の教育はできなくなる。よって改革審の予定したように，医師国家試験と同じような合格率の高いもので，卒業認定試験と同じレベルのものにすべきこととなる。

　法科大学院を経ないで，司法試験予備校を経ての予備試験合格組は2018年に336人まで増加してきている。元々は資力がなくて法科大学院へ行けない人々を救済する例外的措置であった。法科大学院のプロセスとしての教育を重視し，かつ期間短縮とコスト削減をする以上，廃止すべきである。

4　司法修習制度廃止（研修弁護士制度）

(1)　厳格な国家試験の司法試験合格者は，資格付与される権利をもち，段階的であれ職務権限を有するのが憲法上の保障であろう。それ故，法曹養成についても医師資格をもつ研修医と同様に，

2年間の「有給権限行使型」研修という世界標準にすべきである。イギリス，カナダの研修弁護士制度は同型である。よって，司法修習は廃止し，弁護士事務所における2年間の研修弁護士制度とすべきである（遠藤 2000: 175-178）。弁護士の単独開業が2年間禁止されるだけである。弁護士事務所にて5年ないし10年の経験を経て，裁判官に任官することが一般化することが予想され，米国よりはるかに若い内の任官であるので，日本型法曹一元が実現する。

他方で，ドイツ，フランスでも，裁判所や検察庁での研修があるものの，有給と権限行使では同様である。これに対して無給権限行使型は，ほとんどない。そして有給無権限型，無給無権限型はありうるが，いずれも見学する程度の研修となり，1〜3ヶ月の短期となる。旧医師インターン制度では，国家試験前1年間無給で権限のあいまいなまま，医療的労働をさせ，激しく批判され廃止された。そして，日本の司法修習は，試験合格後であるのに，2回試験をおくため2年間の有給無権限型で始まった。本来このパターンでは，権限を付与し労働させなければ，税の無駄遣いといわれ，かつ，充分な研修の実は上がらない。

そこで，取調修習のみは，監督官の下であったが単独で権限行使させていた。これに対して，医師インターン反対運動の影響もあり，取調修習は無権限で違法として拒否運動が続いた。人権活動に準じた弁護の修習にこそ権限行使を認めるべきであったが，当時から最も批判されていた密室での取調のみについて，現状肯定的意識を植え付けさせるという結果になり，批判的視点を養う教育には，逆行した。米国では学生にさえ権限を与え，法廷活動

をさせる州があり，弁護のみの研修を充実させ，法を漸進させる方法を体得させている。

2006年より給費制修習は1年になったが，2011年に至り，1年の無給無権限型になった。そこで，増員反対派により，再度有給にせよとの運動が始まった。まことに歴史に逆行するものである。本来，現在の医師研修と同じく，2年間の有給権限行使型が世界的モデルである。司法修習を無給のまま現状維持する無責任派，理由なく有給にしようとする復古派，そして取調修習のみを強制してきた最高裁と取調修習拒否をした派は，いずれも専門家養成の全体を見ず，狭い視点しか持たない。

なお，最高裁は，取調修習を拒否し，その後実績を上げた弁護士すべてを司法研修所の教官に採用しなかった。弁護士会はこれに抗せず，最も進歩的な活動をした弁護士らの成果を法曹教育に役立てないままに，法学の発展を阻害するに至った。

(2) 司法試験合格後に行政，企業や研究に入る者に司法修習を要求する必要性は高くないので，これらを増加させるためにも，廃止すべきである。泉徳治元最高裁判事（2013: 317）など多くの識者や経済界の方々はもはや司法修習をやめ法科大学院一本にすべきと公表されている。なお，2年研修弁護士制度では，企業や行政での長期の就労の後でも弁護士事務所での勤務は容易である。

(3) 要件事実教育とは，民事刑事で，全面証拠開示制のない中で（指宿 2014），形式的合法性の枠内で，極く一部の整合性を求めるものといえる。法学教育で最も重要な実質的合法性の追求を回避するもので，司法消極主義の大きな原因となってきた。現在では，判決や強制仲裁でも実質的合法性の解釈を取り入れ，当事

第4章　法動態学による教育と改革

者や社会が納得する妥当な結論を出すべきであり，要件事実教育の創造的破壊を必要とする。

(4)　矢口洪一元最高裁長官（1998）は，事務総局官僚のときから，官僚制裁判制度の統制を強めた司法史上最強の方として批判されてきたが，退官後8年間にわたり西欧を中心に見聞を広め，まさに比較法的検討をされた上で1998年に法曹一元，司法研修所廃止及びロースクール教育の導入を提言し，実務教育はオンザジョブトレーニングとすべしと大きく意見を転換された。つまり，裁判官は極一部の留学する裁判官を除いては，旅行の自由も制限されており，西洋事情に触れることすらままならないので，明治時代と変わらぬ状況にあり，同氏がこれを反省して，当時としては先駆的な抜本的改革案を提示したもので，歴史的快挙であった。よって法科大学院の時から比較法を学び，広い視野に座って柔軟な思考方法を身につけるべしという当たり前のことを確認されたといえる。

筆者の提案はほとんど同氏の意見を検証し，具体化しているだけであり，現在では僅かな改革にすぎず，実現は容易と言える。特に，法曹増員により法曹一元の可能性は高まり，他方で官僚裁判制の弊害が矢口氏の予想を超えて恐ろしく深まっている中で，法曹一元の必要性は強く提言されている（瀬木2014，岡田・斉藤2013: 97）。しかし，漸進的に日本型として始めるのが円滑的移行である。

Ⅵ　法曹と隣接士業との統合案

1　新しい隣接士業

　意見書では暫定的な処置として隣接士業の権限強化と増員を認めたので，現在約19万人を越えており，漸進的法改革の桎梏となっている．意見書が動態的法形成の阻害要因となってきた分野を強化拡大したことは全く総論に反する大きな矛盾であったが，長期間かければ改変できる．

　隣接士業は，2017年4月の登録者概数で，税理士（7.7万人），司法書士（2.2万人），弁理士（1.1万人），社会保険労務士（4.0万人），行政書士（4.6万人）の合計約19.6万人となる。2009年の146,000人より3割増加している。弁護士3.9万人を加えると約23.5万人で，1人当たり国民約539人となる。ヨーロッパ並みとなり，他の隣接法律職も含めれば米国と比較しても遜色はない。しかし，質を無視して検討できない。隣接法律職は，形式的合法性に依拠し，法令の遵守機能を維持するために大きな役割を果たしてきた。しかし，その長所は同時に短所となった。特に隣接士業は現在の法令・通達等を固定的に運用するとの限界があり，実質的合法性に踏み出せず漸進的法改革の阻害要因となってきた。日本では現在まで法曹三者ですら，形式的合法性にとらわれ，実質的合法性への踏み込みをする教育や訓練を受けてこなかった。それ故，隣接士業に国民のための権利擁護を期待することはできない。しかし今後は，新しい隣接士業が膨大な行政の運用を行政手続法に則り，法の支配を拡大させなければならない。

第4章　法動態学による教育と改革

　規制行政，給付行政において，市民は，申請行為から重大な権利行使が始まる。この第一歩をすべて隣接士業が担っており，弁護士は関与していない。しかし，市民の声を行政に反映させたり，行政の不正を正していくことは，オンブズマンと共に極めて重要となっている。今や，国民のための新しい隣接士業がありうることを，国民自身に知らしめるために，弁護士会や法科大学院協会が広報すべき時期にきている。

2　広義の法曹

(1)　法曹の拡大

　司法試験合格者定員を約1,500人にした場合でも，法科大学院入学者定員を2,000人に限定しない状況では，合格率は20〜30％にすぎない。法務博士が司法試験に合格しないと隣接士業の資格も付与されないということの是非はほとんど検討されていない。隣接士業の各試験を受けることは可能だが，余分な負担である上に，最近では合格人数を絞っており，合格率は低下しているため，現行の権限の狭い隣接士業の資格を取得しようとする者は少ない。つまり，合格者1,500人，合格率20％〜70％のときには，不合格者に対して，パラリーガル，隣接士業などの資格も与えることは，高度な資格制度の効率化のために必要となる。医師国家試験でも合格率は高いが，不合格者数は多くなっている。その場合には，不合格者に対してパラメディカル（看護師，放射線技師，作業・物理療養師など）の資格を与えることも検討すべきこととなる。

Ⅵ　法曹と隣接士業との統合案

　しかし,法科大学院定数2,000人を維持し,合格者1,500人合格率80％とすることが効率化の理想といえる。そこで,合格者1,500人としても,約500人を隣接分野に進出させるための手法を検討すべきである。弁護士は隣接士業の資格を有するので,合格者が約1,500人であれば,弁護士が自然に隣接士業の分野に進出する可能性がないわけではないが,その可能性は極めて低い。弁護士は隣接分野の業務を行う資格を有するが,税理士などの隣接士業団体に加入しなければ,その名称を標榜できない。名称を標榜すれば,国民に認知され依頼が増加する。①合格者が弁護士の資格を得たときには,士業団体に加入することを推奨し,日弁連と単位会の弁護士会の会費を1/2とする。これにより隣接分野への進出が増加し,且つ将来的には弁護士が士業団体の運営に強く関与でき,統合への道をつけられる。②法科大学院卒業と司法試験合格の後に,直ちに行政,企業,研究の分野に就職する道を選択できるように制度設計すべきである。司法修習などの時間とコストを回避し,法曹三者より他の道を優先させるものである。将来に認定弁護士制度により弁護士となる可能性を残すものであるが,必ずしも多くはないと考えられる。③合格後に直ちに隣接士業団体に登録し,数年後に認定弁護士制度により弁護士となる道を整備すべきである。時間とコストの削減と共に,就職事務所の拡大を可能とするものである。すなわち,隣接分野への拡大を目指す弁護士事務所への就職の増加である。次に,隣接士業の事務所への就職である。弁護士でない法曹を雇うのは,禁止されていない。事務所としては,将来には内部の弁護士との事業提携により,法延分野への発展も期待できる。なお,隣接士業事務所は,

弁護士を隣接士業者として雇うことはできる。弁護士業務は事務所内の独立営業としてなされる。

(2) 教育の強化

法科大学院の授業において，隣接分野の課目を充実させる。その課目とは，税理士（税法），司法書士（不動産登記法・商業登記法）弁理士（特許法・商標法・意匠法・著作権法），社会保険労務士（労働法・派遣法・社会保険関連法），行政書士（行政訴訟法・行政手続法）である。受験者は必ず上記選択科目を取ることは確実である。つまり成績が下位であっても選択科目毎の隣接士業の資格を登録しやすくなる。専門を限定した将来の弁護士であり，制度趣旨に合致する。また上記科目における研究も行政寄りから国民の立場に立った法学への転換も期待できるといえる。

現在の隣接士業は存続するが，中長期的には縮小することとする。なぜなら，法務博士の参入するに応じて，市場の需要を一定とすれば，既存の隣接士業制度の新規資格付与は減少せざるを得なくなるからである。長期的には法務博士からの資格者のみになったときには弁護士との統合が実現されることとなる。

上記の隣接士業の弁護士については，将来的には，税務弁護士，登記弁護士，知財弁護士，労働保険弁護士，行政弁護士の名称を付与することが分かりやすい。これからは，行政を相手に訴訟をする類型を扱うので，極めて困難で，公益性も高く，社会的評価もされる業務となるので，従来の隣接士業とも異なるし，弁護士の中でも有能と評価される可能性をもつ。各隣接士業会への加入と共に弁護士会へは（準）会員として低額の会費で登録する。弁

護士自治に組み込まれる。

(3) 資格細分化の緩和へ

阿部泰隆（2012）は現行の行政書士の業務に対しては社会の強いニーズがあるので，その拡大の必要性と専門性の向上を強く提言しておられる。筆者の提案の法務博士の参入の改革案によれば，同氏の提言がまさしく生きるものと考えられる。そして同氏は，弁護士と隣接士業の合計7〜8に及ぶ細分化と業務独占は国民にとって不便であり，隣接士業にとってもその違反が刑事罰となり不合理であり，社会使命を果たせないとされる。そこで，筆者の案によれば，法務博士は法律家としての権能があるので，徐々に業務の垣根（業務独占）を低くして，刑事罰の適用をやめ，各団体の指導によるものとし，資格細分化の将来的緩和に向かうことができる。法務博士の参入後にその協力により，減少しつつも残された現行の隣接士業の方々の業務も充実し，地位も向上するといえるので，大きな異論はないと考えられる（坂本2014）。

Ⅶ 弁護士一元化への世界的傾向

1 米国の UPL 規制

英国で1292年「非弁護士取締法」が制定され，非弁護士の訴訟活動は禁止された。米国でも，当初から長い期間をかけて次第に非弁護士訴訟活動は禁止され，弁護士に限定された。さらに，1914年以降，次第に，非弁護士による法的助言や書類作成まで

広く禁止され，弁護士のみの権能とされた。その実効性は刑罰や弁護士会の差止請求によった（ABA 1995）。弁護士会強制加入を伴う州弁護士会の監督により非弁提携は禁止された（但し，ABAは任意加入）。上記の規制により，日本の隣接士業に似たものは，存在しなくなった。

米国では，UPL規制を必要とする理由を次の4項目にまとめられている（Denckla 1999）。

①依頼者保護（弁護士は，教育・知識・権能・良心の点で，非弁護士と比べて，依頼者を害さず保護できる）②効率的な正義の運用（手続法・証拠法・判例法において弁護士は優れている）③弁護士統制（弁護士会の監督と弁護士倫理は，UPL規制があるからこそ効果的といえる）④過当競争の防止（UPL規制がなければ過当競争により，依頼者を害し，法制度を守れず，弁護士統制をむしばむこととなる）

上記理由だけでは必ずしも充分とはいえない。むしろ弁護士（法曹）だけが形式的合法性と実質的合法性の統合の作業をできるのであり，この点こそがUPL規制の理由と位置づければ規制の正当性と合理性を説明できる。ABA（1995）のレポートにもこのような法哲学的理由付けは一切ないが，潜在的には前提とされているであろう本質的な重要な理由である。なぜなら，米国では前述のコモンロー変動モデルが法曹の世界では常識となっているからであろう。

なお，ニューヨーク州とワシントン州で，非弁護士による一部の法律業務が認められた。しかし，貧困者のためのプロボノワーク的なものであり，あくまで，極く限られた例外でしかない（Longobarai 2014）。

Ⅶ　弁護士一元化への世界的傾向

2　訴訟活動と訴訟外活動の連続性

　欧米では，19世紀まで，弁護士は訴訟活動を主たる業務としてきた。訴訟は，少数であったが社会的に重要な問題を扱った。訴訟は法実証主義を軸に，資本主義の発展のために形式的合法性に依拠した。しかし，他方で時代を動かす役割も果たしつつ，社会の矛盾を少しでも解決するために，実質的合法性にも依拠したといえる。Jury Nullification（法の無視）は，法曹が正義を実現するために，説示や弁論をもって市民の協力を活用したものといえる（丸田1997）。これに対して，訴訟外では，国の法令や伝統的慣習に縛られ，人々は形式的合法性に従わざるをえなかった。弁護士ではなく，非法律家や隣接士業でも業務を担当しえた。

　20世紀になり，労働者や消費者の増大に伴い，米国を中心に訴訟の役割が増大した。社会的案件において実質的合法性を実現する判決が増大した。その影響を受けて，訴訟外でも，交渉・仲裁による解決・法的計画・立法・ガイドラインなど，形式的合法性から実質的合法性への法形成がされた。弁護士の能力が必要とされるに至った。米国では，司法の法曹一元ばかりか，弁護士は事前規制の発展や政策形成のために政治，行政，ビジネスの世界へと進出し，拡大していった。弁護士一元及び法曹一元の進展と共に，法の支配は，「法律家の支配」すなわち「Rule of Lawyers」として発展してきた。ケイガン（2001=2007: 307）のTotal Justiceとは，事後規制と事前規制，訴訟と訴訟外の活動の統合を示している。弁護士の増員・一元化・非弁護士活動の禁止の状況は，「形式的合法性の柔軟化」と「実質的合法性の高まり」の必要性によ

127

第 4 章　法動態学による教育と改革

りもたれされたものといえる。

3　ヨーロッパにおける弁護士増員と一元化

　ヨーロッパでも，弁護士が増員されつつ，訴訟活動と訴訟外活動を一元的に担当する傾向がみられる。フランスでは，1971 年に弁護士（avocat）と代訴士（avoué）が統合された。1990 年に弁護士と法律顧問職（conseil juridique）が統合された。イギリスでは，1990 年以降，訴訟担当のバリスターと訴訟外業務担当のソリシターの二元制が緩和されつつある（吉川 2011）。ドイツでは，以前より弁護士内の一元制であったが，増員と共に訴訟中心から訴訟外業務へと拡大され，隣接法律職を吸収する弁護士一元化へ向かいつつある（森 2014）。

　結局ヨーロッパでは，米国の一元的弁護士制度の下での増員と訴訟外の業務の拡大という実質的合法性を追求する形の影響が及んだことにより，大きく改革されたといえるが，このような分析は，他にはなく，今後検証すべき価値があると考える。上記三国では，弁護士一元化しつつあっても，米国の UPL 規制のような強い規制が実現していないため，人口割合においての弁護士数は米国より少ない。日本では，多数の隣接士業や企業の非弁業務が認められているため，ヨーロッパより弁護士数は少なく，隣接士業を含めればほぼ同じといえるが，これらを吸収する弁護士一元化への途こそが欧米での標準モデルであり，歴史の流れといわねばならない。

4 UPL 規制を支える法曹養成

　米国 UPL 規制について，ABA（1995）は，再三調査し，何回にもわたり，レポートを出した。これについての 1995 年の ABA レポートは，最も詳しいものである。

　そして，UPL 規制の正当化をするためには，非弁護士の質の低さを示す必要があり，弁護士の質を高める法曹養成が重要となり，ABA はロースクール認可手続と教育方法の改善強化に取り組んだ。つまり，1992 年のマックレイト・リポートと 2007 年の CLEA ベスト・プラクティス・プロジェクトなど（宮澤他 2014）は，UPL 規制を強化する一環とみるべきである。結論として，UPL 規制と法曹養成の目的は，コモンロー変動モデルの伝統の下に，「形式的合法性と実質的合法性の統合」を実現してきたと理解すべきだが，今後更に検証する予定である。

　クリニック教育の強調についても，その統合の必要性と困難性を示し教育するものである。すなわちクリニックとは，相談や紛争を社会の病気とみて，現代社会の矛盾から発生する事案についての実務に触れつつ。前向きな解決方法を学ぶことであり，まさに実質的合法性の追求に踏みこむ教育である。また，非弁活動禁止の結果として，安く弁護をする非弁護士がいなくなるので，学生が教官の監督の下で貧困者のために無償で実施する点も評価できる。

第4章　法動態学による教育と改革

Ⅷ　おわりに

　本稿では司法試験合格者を約 1,500 人と前提したのは，日本の法廷弁護士中心の業務に対する需要が増加するとの見通しは乏しく，広狭義の法律隣接職の存在する中では，法廷外業務にも限界があるからである。このような理由により，さらに約 1,500 名でも多いとの批判があるが，その内の 3 割程度は，行政，団体，研究，教育，隣接分野へ配分され，国民のために合理的法システム形成を成功させ，紛争を予防する必要があるので，当面は適正人数といえる。逆に，隣接士業に配分される約 500 人では，約 19 万人に及ぶ隣接士業に代わっていくには，余りに少なすぎるという問題がある。しかし，第一に，新しい隣接士業ならば，効率化された業務により，多くの需要を処理できるので，現在程の人数を必要としないといえる。第二に，この分野の法的課題が整理され，法的なシステム化に進めば，人的需要は減少する可能性が高い。第三に，ひとたび法制度として成立し実施されれば，その成果をみて新しい隣接士業を増加させ，逆に従前の隣接士業の新規合格者を減少させる方向へ誘導することは可能であろう。
結論として，20 年〜30 年をかければ，弁護士と隣接士業の資格も統合し，弁護士一元化は完成すると予想できる。

　1 ）田中（2014: 15）は，「司法試験の参入制限的運用が続くのならば，弁護士の法律事務独占を裁判関連法務に限定して，企業法務士・金融法務士・福祉法務士・渉外法務士など，法的ニーズの類型毎に新たな隣接法律専門職資格を設け，法科大学院修了者は，司法試験だけにこだわらずに，それぞれ希望する分野に応じて必要な資格試験を受験す

Ⅷ　おわりに

るというように，法曹概念を拡大・再編成することも一案である」という。本稿ではこのような意見に反対し，隣接士業の発展的解消を主張するものである。
2) 例としては日弁連で取消事案（裁決の公告　2015），裁判での取消事案（裁決の公告 2013）など弁護士会の誤判があるが，形式的合法性にとらわれ，実質的合法性を理解していないことが原因となっている。
3) 松尾（2012）は，3〜4 頁では法の役割は国と人々の間を相関的・動態的法観念でとらえ，不断の改革のプロセスを歩む「進化し続けるルールのシステム」であるとし，43 頁及び 200 頁では「バランスに配慮した漸進的アプローチ（the incremental and balanced approach）」を支持する。
4) 大塚滋（2007）は，現在の法科大学院での研究活動を困難とみるが，改革後であれば可能となるはずである。

あとがきにかえて

米倉明先生（法科大学院雑記帳）との対話

　本書第4章の初出論文を書くにあたり，米倉先生の法科大学院雑記帳2冊を大いに学ばせていただきました。しかし，先生の戸籍時報（日本加徐出版）での連載の継続に気づかず，本書脱稿後に米倉先生の最近の論稿を拝見し，改めて先生の危機意識と改革案を共有させていただきました。是非，直接ご覧いただきたいと存じますが，広くお伝えしたいので早急に要点を御紹介させていただきます。

(138) 法律の実効性を高める法改正の動きについて（戸籍時報No.749H29・1）

　米倉先生は，「子の養育費の取立て，刑事事件の加害者に対する損害賠償請求の取立て等についての法改正を論じておられる。もっと早く改革しなければ法治国家とはいえない。法改正ができた頃には，今とは様変わりしてもはや何の益もない立法をしたことになるかもしれない。心すべきことである。」と言われる。まさに，本書で，解釈論でも立法論でも社会変動に合わせた動態的法形成が必要との趣旨と一致する。

(139) 法律論にとって最重要なのは結果の妥当性だということ——法科大学院で教えてほしいこと（No.750H29・2）

　米倉先生は，「経済学者佐和隆光の意見，「法科万能」とは，与

えられた結論を正当化するもので，与えられた結論の合理性，効率性，公正さは二の次に回してしまうとの批判に同意する。最高裁判決の可分債権の共有と遺産分割手続経由必要との結論の妥当性が重要である。法律家の思考過程は法律論と結果の妥当性との間の往復であって，リアリズム法学の裁判過程論が説く思考過程を教えなければならない。」と言われる。本書で法社会学的な分析に基づく解釈論や立法論についての研究や教育が必要だと論じているものと同じである。社会の実態に合う結果の妥当性が重要である。

(140) 法律家の素人に対する説明のあり方について ── 法律家の醍醐味とは何か（No.752H29・4）

米倉先生は，「裁判官・検察官・法律学者は素人にわかりやすい文章を書いていない。実質論（政策論，是非・善悪・当不当等，多分に価値判断にかかわる議論）を表面に出さないで，主として法律論（形式論）に終始する傾向が顕著だからだ。そのチャンピオンは，最判「円は円，ノミナリズム判決」の「昔の10円は今でも10円だ」との理由なき判決である。実質論を前面に出すべきである。」と言われる。事情変更の原則を却下した判決である。本書での形式的合法性とはこの法律論（形式論）を指す。実質的合法性に踏み込めば，当時の評価額3000円とすることができるか，債権者と債務者の公平を考えて，痛み分けで1500円とすれば人々は納得するかを検討すべきこととなる。インフレやデフレの知識を前提に極めて楽しい議論ができる。

あとがきにかえて

(141) 法曹養成制度の改革についてもっと議論を（No.754H29・5）

　米倉先生は、「わが国の法曹養成制度の機能不全をこのまま放置しておいてよいだろうか、もっと議論や検討をしなければならない。近時における医学教育改革の動向をひとつひとつの参考資料として、新法科大学院の教育を信頼して、司法試験を廃止しその修了者は司法修習なしで弁護士資格を取得することとなる。新法科大学院では法理論よりも法律相談参加型実習に大きなウエイトを置いて教育がされる。キャリア・コースの裁判官・検察官制度は廃止して、最低限20年の弁護士経験者の中から、裁判官・検察官は任命されることとする。」と言われる。確かに理想論ではあるが、筆者は、漸進的な改革との考え方及びリアリズム法学を基礎としており、司法試験の簡素化、研修弁護士2年後の任官との構想を以前より提示しているが、司法試験と司法修習の呪縛に取り憑かれた実務法曹は金縛りにあっており、これですら検討できない状況である。

(142) わが国におけるノミナル・ダメージズの可能性について
　（No.755H29・6）

　米倉先生は「英米法の「名義上の損害賠償」（nominal damages）の例として、他人の所有地への無断進入、缶詰の中にネズミのしっぽ（殺菌後）を見つけた場合がある。英米では、損害賠償を認められるが、日本では損害なければ賠償なしという原理にとらわれ、棄却されてしまう。民事訴訟をしても費用倒れになってしまう。」といわれる。まさに条文や先例にとらわれ、法を固定的に見る日本の法の運用を批判されている。これを柔軟にして、刑事罰にな

135

るほどの行為の民事的制裁を認め，私人による民事訴訟を活性化させ，税金を使う刑事罰を減少させるとの政策的な判断が必要となるのである。本書でいう，民事，刑事，行政を繋ぐ連携教育が必要との主張と同趣旨である。

(143) 法科大学院の教育──法理論のほかに法術も (No.756H29・7)

米倉先生は「弁護士カランの法術として，AがBに金を預けたが，Bが返還を拒んだので，カランがAに助言し，もう一度証人Cの立ち会いの下にBに同額を預け，Aだけで返還請求したところ返還されたので，次に証人C立ち会いの下に返還請求をしたところ成功した。京都所司代板倉の裁判の法術として，山伏Aが宿屋Bに泊まった際，BがAの名刀を借りたところ，徳政令が発せられ，BはAに返還を拒んだ。板倉は，Aが借りた宿もBに返還しなくてよいと裁断した。法実務・法術 (Lawyer's Craft) の教育が必要である。」と言われる。シェイクスピアの「ベニスの商人」に近い。まさに現実の実務には，不公正や納得いかないことが多い。しかし，神の手を求める技術の教育は困難である。上記のような法術は小手先の技ではなく，正義を勝ち取るための闘争といえる。証拠を探す，集める，作り出す，絞り出す，誇張する。首なし事件では，墓を暴く犯罪をして証明をした。この最も重要な証拠収集方法を法科大学院，司法試験，司法修習で触れもしていない。正義を求める法哲学と技を結びつける実務教育こそが求められている。また，徳政令は金銭だけでなく動産や不動産にも適用になるのか。徳政令は法と経済学では肯定できるのかどうかなど幅広く検討すれば楽しい議論ができる。実務の矛

あとがきにかえて

盾をとらえ，公正や正義を徐々にどのように実現するかが法科大学院の教育目的である。

(144) 議論の仕方を訓練する必要──強い議論，相手にズシンとこたえる議論を (No.757H29・8)

米倉先生は「法科大学院では研究者教員によるソクラティック・メソッドの授業，実務家教員による対話討論の授業が行われるはずであった。ところが，司法試験の負担もあり，そのような教育には進まず，また議論の仕方に焦点をあわせた教育がされてきたのか疑問である」と言われる。たしかに，議論をすればするほどまとまらなくなってしまっては，司法試験対策にならない。米国では，議論した上，結論を示さず終了するのがソクラティック・メソッドという理解もある。そこで本書では議論を通じて無秩序にならないように①現代の社会における問題は何か，②現状の状況の分析結果と改善できる選択肢の提示，③法社会学的視点からの短期・中期・長期の実現の可能性を視野に解決論と立法論をたてる。この順序で議論を進めるべきとの方法を示したつもりである。

(145)「強制閉校」の発動も──「淘汰」にキリを (No.758H29・9)

米倉先生は「ロースクールが新司法試験の合格者数・合格率・定員充足率に一喜一憂し，補助金削減におびえている状況からして，任意閉校や自主的閉校ばかりでなく，強制閉校の措置の発動も必要である。司法試験の廃止などの改革が必要である。」と言われる。現職の教員が最も言いづらいことをずばりと提言されておられる。閉校が続いてきて，大きな犠牲を払ったことをまこと

に遺憾に思うが，本書の改革案とあわせて閉校が実施されれば，法科大学院の制度の再生となるので，極めて前向きな解決であることをご理解頂きたい。

(146) 異を唱える気概の養成を――法科大学院の教育 (No.759 H29・10)

米倉先生は「ロースクールの科目には法曹倫理が含まれ，弁護士はこういうことをしてはならないと教えることに異論はない。しかし，法曹にはより基本的な心がけをも教えてほしい。法曹は，一般国民が異を唱えるのを積極的に支援することである。理不尽なことを容認しては，一国の正義の秩序がそのぶんだけ崩れてしまい，法曹としては看過できず，どうあっても抵抗せざるをえないはずではないか。こうした正義感，気概を，実生活の様々な場面における行動において，法曹ははっきり示してほしいものである。」と言われる。まさに筆者は弁護士として無理をしてでも正義のためにやり通す行為を，正当業務型として懲戒とすべきでないと論じてきており（遠藤2018），続巻「求められる・新弁護士懲戒論」をご覧頂きたい。

(148) 法学的構想（立法論）の楽しさを――法学部，法科大学院教育の一環として (No.762 H29・12)

米倉先生は「法曹実務家養成を目的とするロースクールにおいてはむろんのこと，必ずしもそうではない法学部においても，とかく解釈論に終始しがちとなり，立法論は時間的余裕があればという扱いになるのが常態であろう。しかし立法論は解釈論よりもずっとおもしろくなる可能性を秘めているし，必要とする分野も

あとがきにかえて

広がっている。」と言われる。従前日本ではなぜ解釈論重視であったのか，それは社会変動を前提としていなかったからであった。他方立法論は短期・中期・長期と考えれば，順次抽象的になり拡大してしまう。逆に短期的立法をしてもすぐに役に立たなくなる。そのような難しい面もある。そこで本書では「できる限り柔軟な拡大した解釈論による短期的解決」さらに「立法論による中期・長期の構想」を統合する意味を込めて，動態的法形成と称し，楽しい議論を始めようと呼びかけている。

(149) 細かい改革よりも根本的改革の提案を望む（No.763H30・1）

米倉先生は「未修者3割枠撤廃と法曹コースの新設について，このような細かい改革よりも根本的改革をしなければならない。」と言われる。要するに，これは司法試験対策に他ならず，予備試験や司法試験がある限り，法科大学院の充実ではなく，法科大学院の形骸化になるだろうと警告されている。まさしく狭い実定法教育偏重の法科万能主義への後退に他ならない。

(150) 根本的改革像をも描いたうえで小改革を進めよう（No.764H30・2）

米倉先生は「現在種々の改革案が提示されつつあるが，それらの案はいささか小振りのもので，かつそれ自体無視できない問題を内包している。確たる将来像を構想しながら，そこに一歩近づくための改革案として1つの案を示し，そこに欠点が見出された暁にはそれを補填して，構想されている将来像へと近づきたい，ということが望ましいし，必要ですらあると思えるけれども，目

下のところ、そうはなっていないように見える。これではいけない。」と言われる。すなわち、司法改革審議会意見書は、社会変動に応じた漸進的な改革を提示したもので、その改革の継続をしないで後退することは、社会の円滑な進行を妨げるという意味で、社会に混乱を引き起こす謀反人のようで、税と費用や労力をかけるということについて各人が責任を負わねばならない。法を扱う者が、自己の利益に捕らわれず、法の円滑な実施に尽力しなければならない。

(153) ルールには射程があることを教える必要がある (No.768H30・5)

米倉先生は「「ルールを守ろう」という要請についても限界があり、あくまで「ルール順守」にこだわるなら、却って非常識な結果、現代の平均人の正義感に照らして、広く世人の納得が得られない結果をひき起こすことになってしまう場合があるのではないか。これはルールの妥当範囲、ルールの射程という問題であって、ロースクールではぜひ教えなければならない。」と言われる。これは法の固定制や保守性を言われているのであり、ルールの射程を考えながら、法の柔軟性や可変性を重視されたいということである。例えば予備試験については、法を扱う者達が、資産証明をとらないで受験させたというルール違反をした。確かに資産のない者だけを受験させるのはアファーマティブ・アクションのような差別であり、証明自体困難な変なルールである。そこで、遵法精神をもってこのルールを守りながらも、同時に法科大学院への早期入学や特別奨学金などの制度整備により、予備試験を廃止

するなどのルールの改善に取り組めば良い。そのような方法を学ばなければならないということである。

(155) キャリアの国家公務員を法科大学院修了者に限る案――法曹養成制度改革の一環として――（No.770H30・7）

　米倉先生は「国の行政は、「法律による行政」であらねばならないとして、行政の実際の担い手となる国家公務員が備えるべき法学的素養が必要とされる時代になっている。国家公務員はあまりに理不尽な指示を明示・黙示に発した上司に対してははっきり抵抗して弁護士に転ずる道を作っておくことがせめて必要だと思うにいたった。」と言われる。日本が行政国家であることからすれば、法律職の国家公務員を、法科大学院修了者に限るか、または大きな割合とすることは、先例踏襲の固定的行政を変えるのに大変有効といえる。その為には、簡素化された司法試験に1回で合格後に、司法修習を経ないで、若くして、勇気をもって行政の現場に飛び込んでもらいたいものである。途中でやめる場合には、既に認定弁護士制度も用意されてあるので、弁護士になることも可能であり、大いに期待できる。

(156) 法科大学院制度の大改革に速く着手を（No.771H30・8）

　米倉先生は「74校ものロースクールの作り過ぎ。ロースクールを13校に減らして新ロースクールとし（1校当たりの1学年定員は100～110名）、それ以外のロースクールは閉校とする。予備試験制度を廃止して、法曹への道は新ロースクール一本のみとするべきである。立法学の講義・演習を開設すること。学生をこの

あとがきにかえて

授業の過程で,「法と経済学」的,比較法的,法社会学・社会心理学的アプローチ等々に習熟させることがめざされる。」と言われる。弁護士増員は徐々にすべきである。そのため,現状の当面合格者1500人とすることが妥当と考える。そして教育する側からもそのようなご意見が出ることは,現状では,もはや確定すべきことと言える。これと共に,予備試験廃止や,立法学の導入,基礎法学の充実化はまさに制度改革の要であり,筆者の提言が弁護士会や各方面に理解されるものと確信しつつ,米倉先生に深く感謝申し上げる。

[参考文献]

[参考文献]

阿部泰隆（2008）『行政法解釈学Ⅰ』有斐閣
　――（2009）『行政法解釈学Ⅱ』有斐閣
　――（2012）『行政書士の業務：その拡大と限界』信山社
　――（2017）「岐路に立つ裁判官（3）行政えん罪：行政.司法の腐敗と再生策――放置国家を克服する司法改革を」判例時報通巻 2333 号 126 頁
American Bar Association, Commission on Nonlawyer Practice (1995) *Non Lawyer Activity in Law-Related Situations: A Report with Recommendations.*
青井秀夫（2007）『法理学概説』有斐閣
馬場健一（1994）「法化と自律領域」棚瀬孝雄編『現代法社会学入門』法律文社，73-97 頁
バウル，F.T. フォン（1962=1962）「米国における非弁護士活動に関する一考案」（自由と正義編集部訳）自由と正義 13 巻 11 号 28-30 頁
バートレット，ロバート・P.／リー，ジョン・C.（2012）「アメリカのビジネスローの変容と再変容：1980 年から現在まで」（阿南衆大・福井康太訳）法社会学 76 号 72-88 頁
Braithwaite, John (2002) *Restorative Justice and Responsive Regulation*, Oxford University Press.
ベック，ウルリッヒ（1997=2010）『世界リスク社会論　テロ，戦争，自然破壊』（島村賢一訳）ちくま学芸文庫
Denckla, Derek A. (1999) "Nonlawyers and the Unauthorized Practice of Law: An Overview of the Legal and Ethical Parameters" 67 Fordham Law Review 2581-2599.
ドゥオーキン，ロナルド（1986=1996）『法の帝国』（小林公訳）未來社
遠藤直哉（1992）「アスベスト」労災職業病健康管理Ⅰ『労災職業病の企業責任』総合労働研究所，215-225 頁
　――（2000）『ロースクール教育論～新しい弁護技術と訴訟運営』信山社
　――（2004）『危機にある生殖医療への提言』近代文芸社
　――（2005）『はじまった着床前診断』はる書房
　――（2007a）「着床前診断と患者の権利」小野幸二教授古希記念論文集『21 世紀の家族と法』法学書院，368-398 頁

[参考文献]

―― (2007b)「居住用財産の配偶者への贈与と詐害行為取消権」小野幸二教授古希記念論文集『21世紀の家族と法』法学書院，162-191頁
―― (2008)「生殖補助医療支援基本法の制定の必要性」法律時報第80巻1号88-94頁
―― (2012a)『新しい法社会を作るのはあなたです――「ソフトロー」と「分割責任論」の活用』アートデイズ
―― (2012b)『ソフトローによる医療改革』幻冬舎メディアコンサルタント
―― (2012c)『ソフトローによる社会改革』幻冬舎メディアコンサルタント
―― (2014)『ソフトロー・デモクラシーによる法改革』Bilingual Editionアートデイズ
―― (2017)「法曹増員後の弁護士懲戒と弁護士自治――正当業務型と懲戒5類型」宮澤節生先生古希記念論文集『現代日本の法過程・上巻』信山社

福井秀夫「何が法的専門家の素質能力を決めるのか」法と経済学会報告書 (2016)
福原忠男 (1970)『弁護士法』第一法規
後藤昭 (2014)「法科大学院10年と新たな法曹養成制度」法の支配 No.174 一般財団法人日本法律家協会，140-170頁
萩原金美 (2002)『法の支配と司法制度改革』商事法務
―― (2013)『検証・司法制度改革Ⅰ――法科大学院・法曹養成制度を中心に』中央大学出版部
木佐茂男 (1995)『人間の尊厳と司法権――西ドイツ司法改革に学ぶ』日本評論社
原田大樹 (2007)『自主規制の公法学的研究』有斐閣
Haley, John O. (1991) "Authority Without Power - Law and the Japanese Paradox" Oxford Yniversity Press
長谷川晃 (2006)「＜法の支配＞という規範伝統――一つの素描」法哲学年報 2005，18-29頁
平野仁彦 (2007)「アメリカにおける法曹養成と法哲学」法哲学年報 2006，100-114頁
広渡清吾 (2003)「総論」広渡清吾編『法曹の比較法社会学』東京大学出版会．

[参考文献]

指宿信（2014）『証拠開示と公正な裁判［増補版］』現代人文社
出井直樹（2009）「隣接士業の「権限拡大要望」について」自由と正義 Vol.60, 94-100 頁
井上達夫（2001）『現代の貧困』岩波書店
泉徳治（2013）『私の最高裁判所論——憲法の求める司法の役割』日本評論社
ケイガン，ロバート・A.（2001=2007）『アメリカ社会の法動態——多元社会アメリカと当事者対抗的リーガリズム』（北村喜宣他訳）慈学社
Katzmann, Robert A. (2014) *Judging Statutes*, Oxford University Press.
キーン，ジョン（2009=2013）『デモクラシーの生と死』（森本醇訳）みすず書房
久保利英明（2010）「司法試験と未修者教育のあり方を見直す抜本的改革」ロースクール研究 15 号 63-65 頁
久保山力也（2012）「『隣接』の解体と再生」法社会学 76 号 219-238 頁
季衛東（1994）「法と社会変動」棚瀬孝雄編『現代法社会学入門』法律文化社，98-125 頁
Longobardi, Matthew (2014) "Unauthorized Practice Of Law And Meaningful Access To The Courts: Is Law Too Important To Be Left To Lawyers?" 35 Cardozo Law Review 2043-2078.
丸田隆（1997）『アメリカ陪審制度研究——ジュリー・ナリフィケーションを中心に』法律文化社
松原英世（2000）『企業活動の刑事規制——抑止機能から意味付与機能へ』信山社
松尾弘（2012）『開発法学の基礎理論』勁草書房
松浦好治（1998）「アメリカ型積極国家とリーガル・リアリズム——法哲学の社会的機能」法哲学年報 1997, 240-252 頁
宮澤節生（1998）「応答的司法のための司法改革・弁護士改革の課題——日弁連への期待」宮澤節生・熊谷尚之・司法制度懇話会編『21 世紀司法への提言』日本評論社, 2-32 頁
宮澤節生ほか（2014）「変貌する法曹の『有能性』：マクレイト・レポートから CLEA ベスト・プラクティス・プロジェクトへ」日弁連法務研究財団編『法と実務 10』商事法務, 3-75 頁
森勇・米津孝司（2014）『ドイツ弁護士法と労働法の現在』中央大学出版部．

［参考文献］

森元拓（2006）「不法と闘争の法哲学——イェリネックの法理論」法哲学年報 2005，165-175 頁
中山信弘編集代表（2008）『ソフトロー研究叢書』第 1- 第 5 巻，有斐閣
——（2005〜2013）東京大学大学院法学政治学研究科 21 世紀 COE プログラム「ソフトロー研究」第 1 号〜第 22 号
中山竜一（2000）『二十世紀の法思想』岩波書店
ロールズ，ジョン（1971=2010）（川本隆史他訳）『正義論』紀伊國屋書店
シーバート，ジョン・A.（2002）宮澤節生訳『アメリカ法曹協会（ABA）ロースクール認定手続』現代人文社
ノネ＆セルズニック（1978=1981）『法と社会の変動理論』（六本佳平訳）岩波書店
岡田和樹・齋藤浩（2013）『誰が法曹業界をダメにしたのか——もう一度，司法改革を考える』中公新書
大林啓吾・横大道聡（2008）「連邦最高裁判官と法解釈——スカリア判事とブライヤー判事の法解釈観」帝京法学 25(2)，157-192 頁
大橋洋一（2002）『行政規則の法理と実態』有斐閣
大塚滋（2007）「日本型法科大学院と日本の法学教育」法哲学年報 2006，4-17 頁
坂本廣身（2014）『行政書士の繁栄講座——司法改革と行政書士の将来像』LABO
サンデル，マイケル J.（2010）『民主政の不満——公共哲学を求めるアメリカ 上』勁草書房
瀬木比呂志（2014）『絶望の裁判所』講談社現代新書
スティグリッツ・J.E.（2003）藪下史郎訳『公共経済学〔第 2 版〕上』東洋経済新報社，93 頁
タマナハ，ブライアン・Z.（2004=2011）『"法の支配"をめぐって——歴史・政治・理論』（四本健二監訳）現代人文社
タマナハ・ブライアン・Z.（2013）〔著〕樋口和彦＝大河原眞美訳『アメリカ・ロースクールの凋落』花伝社 36〜44 頁
田中成明（1994）『法理学講義』有斐閣
——（2014）「法科大学院を中核とする法曹養成へ」學士會会報 No.906，15-19 頁
田中成明ほか（1997）『法思想史〔第二版〕』（有斐閣）103〜113 頁

[参考文献]

内田貴（2000）『契約の時代——日本社会と契約法』岩波書店
——（2004）『民法4 補訂版』東京大学出版会
——（2005）『民法3 第3版』東京大学出版会
——（2008）『民法1 第4版』東京大学出版会
——（2011）『民法2 第3版』東京大学出版会
宇賀克也（2006）『行政法概説Ⅰ——行政法総論【第2版】』有斐閣
矢口洪一（1998）「『法曹一元』の制度と心」自由と正義49巻7号14-23頁
柳川範之（2013）「経済教室：法整備もマクロ経済政策」日本経済新聞，2013.1.18付朝刊
——（2014）「経済教室：ノーベル経済学賞にティロール氏，実践重視の規制理論確立」日本経済新聞，2014.10.20付朝刊
米倉明（2007）『法科大学院雑記帳』日本加除出版
——（2010）『法科大学院雑記帳Ⅱ——教壇から見た日本ロースクール』日本加除出版
吉川精一（2011）『英国の弁護士制度』日本評論社
吉見俊哉（2016）『大学とは何か』岩波書店
「裁決の公告（処分変更）」（2013）自由と正義64巻12号125-126頁
「裁決の公告（処分取消）」（2015）自由と正義66巻4号125-126頁

〈著者紹介〉

遠藤直哉（えんどう・なおや）
1945年生，弁護士法人フェアネス法律事務所代表弁護士，日本法社会学会・日本私法学会・日本民事訴訟法学会の会員，麻布高校卒，東京大学法学部卒，ワシントン大学ロースクール（LLM），中央大学（法学博士），第二東京弁護士会平成8年度副会長，桐蔭横浜大学法科大学院教授歴任

（主要著書）
『ロースクール教育論』信山社（2000年），『取締役分割責任論』信山社（2002年），『危機にある生殖医療への提言』近代文芸社（2004年），『はじまった着床前診断』はる書房（2005年），『ソフトローによる医療改革』幻冬舎MC（2012年），「ソフトローによる社会改革」幻冬舎MC（2012年），『新しい法社会をつくるのはあなたです』アートデイズ（2012年），『ソフトロー・デモクラシーによる法改革』アートデイズ（2014年）

法動態学講座　1

新しい法科大学院改革案
AIに勝つ法曹の技能
――基礎法学と実定法学の連携――

2018（平成30）年12月15日　第1版第1刷発行
8141-01011:P160　￥1600E-012-020-005

著　者　遠　藤　直　哉
発行者　今井　貴・稲葉文子
発行所　株式会社　信　山　社

〒113-0033 東京都文京区本郷6-2-9-102
Tel 03-3818-1019　Fax 03-3818-0344
笠間才木支店 〒309-1611 茨城県笠間市笠間515-3
Tel 0296-71-9081　Fax 0296-71-9082
笠間来栖支店 〒309-1625 茨城県笠間市来栖2345-1
Tel 0296-71-0215　Fax 0296-72-5410
出版契約2018-8141-5-01011　Printed in Japan

Ⓒ遠藤直哉, 2018　印刷・東洋印刷　製本・渋谷文泉閣
ISBN978-4-7972-8141-5 C3332 分類327.005

JCOPY 〈㈳出版者著作権管理機構 委託出版物〉
本書の無断複写は著作権法上での例外を除き禁じられています。複写される場合は，そのつど事前に，（社）出版者著作権管理機構（電話03-3513-6969, FAX 03-3513-6979，e-mail: info@jcopy.or.jp）の許諾を得てください。